U0019208

The Buddha and the Badass: The Secret Spiritual Art of Succeeding at Work

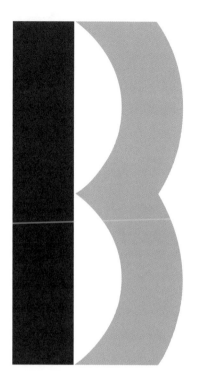

# ・佛陀 與 惡棍・

## 矽谷工程師打造上億身心靈企業的經營心法

維申・拉克亞尼 Vishen Lakhiani 著　張美惠 譯

# 題獻

首先，也是最重要的，本書要獻給海登與伊芙。

還有我的家人，克莉絲蒂娜、羅普、里尤波夫、莫漢、維戈。

獻給我在 Mindvalley 的團隊，

以及世界各地我們竭誠服務的傑出作者與學生們。

# ◑ 目錄

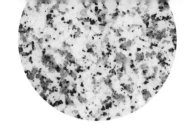

# 第三部・成為有遠見的人

融合佛陀和惡棍的特質來改變世界

# 寫在你開始閱讀之前……

這本書可能會挑戰你某些根深柢固的人生觀。

我寫書探討一個主題時，都是爲了顛覆舊觀念。換句話說，我要在你平常不假思索產生的意識流中置入新的觀念——提升覺察力會讓你獲得自由。那些你**甚至根本一無所知**的新觀念就像一扇窗，讓你有機會成爲視野更寬闊、更堅強、更好的自己。最後受益的不只是你，還有你的家人、社會和整個世界。

我的朋友，了不起的哲學家威爾伯（Ken Wilber），他在探討整合理論（Integral Theory）的作品中，傳播世界觀的重要性。若將他的觀念簡化後做爲判斷依據，本書的讀者所抱持的世界觀大致可分成四類。每個人的世界觀不同，因此本書的某些部分可能會讓你覺得深得我心，但有些部分可能會冒犯到你。

假如你是理性主義者，你會喜歡書中的商業觀念，但當我談到心靈的神奇力量、直覺、傾聽你的靈魂，你也許會嗤之以鼻。你也可能是傳統派，那麼書中凡是提醒你記住你的精神信仰的部分，你都會很喜歡，但當我主張要質疑既定的文化與傳統規範時，恐怕會讓你感到大受威脅。

或者你是環保主義者，這表示你可能也很著迷靈性生活，喜歡談神奇的力量，但讀到如何採取行動和經營企業的章節就有些排斥。

　　最後一類，你可能是從整合的層次看這本書，這表示你會抱持開放的心胸，挑出讓你產生共鳴的部分，你能夠整合書中每一種世界觀而不會覺得你的自我受到威脅。這是閱讀本書最有建設性的角度。

　　這不是一本談創業或商業的傳統書籍。世界正在快速變遷。2003 年我開始教靜坐時，必須在朋友面前隱瞞我的職業。今天，教導靜坐的公司估值超過 10 億美元。現在當我和政府、運動界、好萊塢、矽谷、商界的高層人士見面時，他們私下會分享虔誠的精神信仰，而且不再從純粹物質的角度看待他們的工作和事業。

　　很多人甚至公開分享這些。我要感謝饒舌歌星馬吉爾（Miguel）在《告示牌》雜誌談到，他在演唱會前會練習我的六段式靜坐（詳見第五章）。知名美國國家橄欖球聯盟的球星岡薩雷斯（Tony Gonzalez），在無數次訪問中也說出類似的話。另外還有安德里斯庫（Bianca Andreescu），她 19 歲在美國網球公開賽擊敗小威廉絲（Serena Williams）後，向媒體宣揚她會運用我的作品和書籍。不少富豪和顛覆傳統規範的企業家，私下都會談論本書中的一些富爭議性的觀念，我的目標是讓這類對話更加公開，因為現在正是適當的時機。

　　所以說，這本書的設計就是要顛覆你看待世界的方式，提供方法讓你透過改變腦中的認知來改變世界。簡而言之，就是

促使你蛻變成長。一旦你看清楚本書所揭露的模式，就不可能回到之前的心態。

你可能很喜歡或很討厭這本書，端視你的世界觀而定。這是故意安排的，因為我們都是透過不自在的經驗或領悟才得以成長，而不是在平淡之中成長。

你可能發現本書放在書店的商業類那一區。坦白說，我不確定是不是應該歸入商業類。本書的確是談今日問題重重的工作方式。但我必須提醒，本書探討的絕不是傳統定義的企業經營，而是要讓你由內而外徹底改變工作方式，探討這個內在的改變如何逐漸向外擴散而改變世界。

所以這本書到底談什麼？談如何掌控你的工作和生活，不論你是新創事業，或是大型組織的掌舵者，或是才剛展開第一份工作。如果你將心力投注在一份無法滿足靈魂的工作，或相反的，對公司懷抱宏大的願景，但想不出如何將業務擴充到足以改變工作的程度，你就是本書訴求的對象。

我的第一本書《活出意義：十項讓人生大躍進的卓越思考》（*The Code of the Extraordinary Mind*）偶然被世界各地的運動員奉為聖經，因為書中探討的主題是表現（performance）。本書則是探討團隊合作、企業經營以及如何讓世界變得更美好。我希望能成為改寫工作定義的聖經。

## ◑ 打破超瞎規則

如果你已經認識我，一定明白我在說什麼。我們在待人處

事上都會遵循一套被訓練到會直覺反應的規則，被父母、老師、文化、政府和媒體大量灌輸到我們的深層心理。我在《活出意義》裡稱之為超瞎規則。

我們身邊盡是這些規則，如果不加質疑就會被困住，無法發揮潛力，活出更豐富的人生。現在是應該打破你長期以來關於工作所抱持的超瞎規則了。為什麼？因為如果你是已開發世界的一般人，你醒著的時間有 70% 都在工作。如果你是一般人，你還會因為這些超瞎規則而工作得很痛苦——人生就這麼一次，這種狀況讓人無法接受。後文會有更多討論。

我不是商業顧問，但曾經是辛苦奮鬥的企業家，又習於質疑規則。我嘗試打破關於工作方式的傳統超瞎規則，過程中創造了非常不平凡的事業、職場和人生。

我把生活和公司當作我的研究實驗室，最後將所學的一切整理成**務實的**步驟。我體會到，當工作變成自己充滿熱忱的事，工作就不再是工作。

你必須了解，不論你的位階是什麼，你都有了不起的獨特力量，但你必須學習好好發揮。透過辛苦工作和忙碌拚搏來追求成功是現代人的一大迷思。你的內在有你的精神特質和靈魂，只是我們很多人不願意在工作的領域盡情發揮。但這是超瞎規則，當我們將覺醒的心靈帶到工作上，就會發生神奇的事。

我們且深入探討什麼是**神奇的事**。我在本書會分享一些靈性領域的觀念，換句話說，那是（還）未經科學證明的。我會談靈魂、直覺、共時性（synchronicity）和**以心轉境**（bending reality）。請抱持開放的心態看待，如果你認為這些都是鬼

扯，別忘了，賈伯斯這樣被公認有史以來最偉大的創造者和執行長的人也支持這些觀念。

如果這些觀念真地引不起你的共鳴，請把這本書送給可能從中獲益的人，因為將這些觀念付諸實踐很重要。錯誤的工作觀很需要被矯正，我們現在依循的是老舊過時的模式。根據蓋洛普的調查，85% 的人討厭他們的工作。多數人從事**不喜歡**的工作，只為了賺錢過著自己**不喜歡**的生活。最糟糕的是他們會欺騙自己，假裝為了賺錢做著還算喜歡的工作。若有外星人在觀察地球，一定會想：**這些物種有什麼問題**？

放大到全球來看，這表示每天每個小時大約有 5369 人死去時一生並沒有實現最大的潛能、體驗最深刻的快樂。我們多數人會延遲追求自己的快樂和夢想，只求今天能勉強維持生活。但這是災難性的錯誤，無法逃躲的事實是：**時間一分一秒流逝**。

如果你正在閱讀本書，我打賭你一定有了不起的抱負。你夢想要寫書、建立成功的企業、競選公職，在你的社會發揮影響力。所以不要再浪費時間了，因為時間是你最寶貴的東西。

現在是應該拋掉任何無法讓你強大自信的工作觀了，本書就是你的最佳伴侶和指南。

## ◑ 本書的寫作方式

如同我的上一本書《活出意義》，本書包含獨特的一套學習方法。我的公司 Mindvalley 專門研究人們如何蛻變成長

（human transformation），因此我很在乎學了之後要能持續
運用。書中的方法可以確保這些觀念會留在你的腦中，在你的
生活中扎根。

## 練習

我在整本書裡都會分享工具、技巧、思想實驗和練習，並
整理在每一章的最後，以方便查閱。我希望讀者能活用這本
書，作筆記，寫在空白處，把它變成你的。

另外我也會運用隱形領導技巧，調整一些觀念，讓目前沒
有在領導自己的公司或團隊的人也可適用。如果你是團隊的成
員但不是帶領者，我也分享一些比較微妙的方法，讓你即使沒
有正式的頭銜，也可以爲你的周遭環境創造出改變。

## 故事

在寫作本書的過程，我收集了當今一些卓越人士的故事。
我非常感恩我的公司 Mindvalley，讓我有機會促成頂尖領導者
的交流。我與商業、科學、科技、靈性、教育、人際關係等領
域的數百人合作過或訪問過他們，我能有今日的成就，能分享
書中的觀念，是因爲這些經驗奠立了基礎。

撰寫本書時，我花了兩週與布蘭森（Richard Branson）及其
他商界領導者在內克島進行同儕互相指導聚會（mastermind）。
我曾在活動中與許多人同台演講，包括貝克維斯牧師（Michael
Beckwith）、謝蒂（Jay Shetty）和范納洽（Gary Vaynerchuk）。
我也曾經與威廉森（Marianne Williamson）、亞斯普雷（Dave

Asprey）、威爾伯（Ken Wilber）、法拉利（Keith Ferrazzi）、康利（Chip Conley）、薩貝瑞（Shefali Tsabary）坐在一起進行坦誠的訪問。有太多了不起的人為這本書做出貢獻，都值得提上一筆。我說這些不是為了誇耀，我將我的成就歸諸他們的指教，很感恩和其中很多人結為朋友。這些良師益友讓我能夠看清事物的來龍去脈，找出個中模式，建立一套新的方法，達成不同於傳統定義的成功。我不太相信大師，我相信沒有單一個人（包括我）知道所有的答案。此所以我的每一本書都會整合許多人的理論和觀念。

因此我會分享我與同時代許多偉大願景型領導者的私密對話。我從他們那裡得到很多知識，也從自己的團隊成員身上學到不少（很多成員可能從來不知道他們對我造成多大的影響），本書就是要向這些人致敬。

## 我的心聲和故事

我的寫作方式很坦白，我不會有所保留。書中分享了一些我說出來會不太好意思的故事，但我不介意洩自己的底，只要能凸顯一件事：任何人都能做到我做到的成果。

2003 年我辭掉矽谷的工作，成為靜坐老師。之後拿 700 美元創立 Mindvalley，沒有創投基金或投資人挹注。我在撰寫本書時，我們正準備要上市。經營公司的過程中遭遇過嚴重的困難，我所有成就的起點是馬來西亞吉隆坡的貧民區一間倉庫後面的房間。如果你不知道吉隆坡在哪裡，我也不會驚訝。

你可以預期看到私人的故事，我的寫作風格是如實陳述、

不怕暴露弱點，就好像你和我隔桌而坐一樣。

## 網路資源

　　讀者若希望更深入了解本書的概念，整本書裡都會提供更多資源的連結。我本職是電腦工程師，因此也設計了數種網路工具，幫助讀者在本書的引領下展開蛻變的旅程。本書為特定章節附上數小時的額外影音和訓練，讓讀者可以更輕鬆地將一些觀念落實到生活中。

## 企業家的定義

　　關於**企業家**一詞的用法有一個重要的說明。對我而言，**企業家**並不表示你經營一間公司。你可以服務於某公司或隸屬美國航太總署（NASA）之類的機構，但仍然有企業家的心態。這表示你會創新、創造、鍛鍊你的技能、對世界做出貢獻——不只是為了賺一份薪水，像倉鼠一樣原地跑個不停。書中提到**企業家**一詞時，指的是選擇以最佳表現在這世界發揮影響力的每個人，不論你是自雇者、承包商、經營 10 億美元的公司或受雇於某公司。

## 和我聯絡

　　我很喜歡和讀者聯絡。我主要使用 IG，經常會在那裡分享新的實驗、故事和觀念。我很希望讀者在那個平台和我連結。但我偶爾也上臉書和推特，以備不時之需。

Instragram.com/vishen

Facebook.com/vishenlakhiani

Twitter.com/vishen

## 我的網站

如果你想要進一步了解我和我的作品：

Mindvalley.com

Vishen.com

# 前言

自然界偏愛有勇氣的生命。只要你下定決心，宇宙會為你去除無法克服的阻礙。你的夢想縱使看似不可能達成，你也要勇敢追尋，世界不會壓垮你，反而會助你更上層樓。這就是成功的秘訣。真正有影響力的精神導師和哲學家，那些真正解開煉金術之謎的人，就是明白這樣的道理。瀑布裡的薩滿舞或魔法的展現都是如此——你躍入深淵，卻發現落在柔軟的羽絨床墊。

——麥金納（Terence McKenna）

2019 年，我到加勒比海參加為期四天的企業家同儕互相指導聚會。地點在一座很漂亮的島，有美如仙境的白色沙灘和落日。某天早會後，我走出去呼吸新鮮空氣，坐在木椅上，俯瞰絕巖峭壁。海面很平靜，像是一面只有細微不平整的鏡子。早晨的陽光穿透薄薄的雲層，反射在平靜無波的廣闊海面。

我坐了一會兒細細欣賞這番美景，然後低頭看我的 iPhone。我從口袋拿出 AirPods，塞入耳朵，開始聽我的團隊從世界另一端傳來的數百條訊息。我完全沉浸在手機的訊息中，突然一位女士靠近我。

「我今天和昨天都看到你整天講手機，你一定很認真工

作。有什麼事可以讓你今天過得更好嗎？」她和我參加一樣的聚會。

「謝謝妳，但今天已經很完美了，沒有什麼事可以讓今天更好。」

她聽了似乎很驚訝。

我問：「妳會問我，是因為看到我在這美麗的沙灘上講手機？」

「是的。」

那一刻我明白了她為什麼那樣想了。她看到我在沙灘上手機講不停，便以為我需要有人把我從「工作」中拯救出來，我可以理解她為什麼那樣想。但坦白說，我確實有一段時間需要「拯救」。那時候我的工作和個人生活是分開的，工作是為了生活而「必須」做的事。但現在已今非昔比，請聽我解釋……

我說：「我完全了解妳的意思。但我不是在工作，是在和我的團隊溝通。我的工作讓我充滿動力，我從來不覺得是在工作。我很喜歡我的團隊，和他們溝通就像和朋友聊天一樣。」

我舉起手機。

「這不是手機，對我而言，這是『愛的門戶』。我現在正在做我熱愛的事，和我愛的人溝通，寫我喜歡的東西，在社交媒體和全世界更多我愛的人分享，傳送誇張好玩的影音給我愛的家人朋友。我在這裡並不會與其他人疏離──反而能維持很深的連結。

「如果你做的是你熱愛的事，你一輩子沒有一天需要工作。但謝謝妳，我了解妳的擔憂，妳這樣關心我讓人覺得很窩

心，但此刻是我選擇在這裡感受這一刻，做此刻我在做的事，因為這正是我熱愛的。」

「哇，我想我剛剛學到了一課。」

我笑著回去聽我的手機。

對我而言工作並不是一直都是如此，但現在，英國哲學家傑克斯（L.P. Jacks）下面這段話最能貼切形容我的生活：

生活藝術大師不太區分工作與玩樂，勞動與休閒，身與心，教育與娛樂，愛與宗教，兩兩幾乎難以分辨。無論做什麼他只追求他心目中最好的表現，至於他是在工作或玩樂，就任由旁人評斷。對他而言，他總是同時在做兩件事。

任何人都可以做到這樣的境界，雖則很多人需要徹底改變心態才可以，而本書就是要引領你做這項改變。

但首先你必須相信你**可以**創造「工作感覺不像工作」的生活。你現在還不必真地相信，但你必須抱持開放的心胸，至少相信別人可能做到，即使你還不相信此刻你自己可以。本書會幫助你做到，本書的設計就是要讓你從全新的角度看自己。

其次，你必須了解關於成功的超大迷思（我稱之為超瞎規則）：亦即誤信你必須比任何人更辛苦工作、投入更多時間才能成功。換句話說，必須忙得昏天黑地。任何人若相信這一點，就是相信一個瞞天大謊。

本書會告訴你如何超越辛苦工作的迷思，提高工作的層次，發揮更敏銳的意識狀態，讓你不費力地在這個世界優游

自在，同時還能一邊發揮影響力。當你在這樣的狀態下做人做事，你會注意到你已將身爲人的兩種美好狀態融合爲一——我稱之爲佛陀和惡棍。（Badass，爲了順應文意，本書視不同語境所需，偶爾以「狠角色」取代「惡棍」。）

## 佛陀是典型的精神導師

生活在現實世界中，但處處表現出源自內在的覺察力與忠於自我的輕鬆、優雅、自在。我說的未必是一般所認知的佛陀，那個獲得大澈大悟的人，而是指這樣的人能體認並善用「內在」的力量。

我成長於東南亞一個遵循印度教與佛教傳統的家庭。我談到佛陀時是充滿崇敬的，在使用這個書名之前請教過幾位佛教大師的意見。本書並沒有引用佛教的任何文化或宗教元素，但深入研究這個領域的學者可能會在本書裡發現一些相似的世界觀。

## 惡棍是以實際行動改變社會的典型

惡棍，或狠角色會積極創造改變、建造東西、設計程式、寫作、發明、領導，致力推動人類的進步，爲現實世界的新結構賦予生命。惡棍代表善意的破壞者——勇於挑戰規範，讓人類變得更好。要眞正掌握人生，你必須整合這兩種人的技能，如此你才會創造出與多數人不同的人生境界：

(1) **幸福**：你會從你工作中得到很大的快樂，工作和玩樂合而為一。

(2) **做事得心應手**：你不會再有不堪負荷的苦惱，可以輕鬆同時做很多事。

(3) **人際關係**：你能夠創造正向的氛圍，和你共事的人會受到感染而充滿活力。你與人互動都會創造正向、充滿關懷、雙贏的關係。

(4) **需要時能產生靈感**：你能夠在需要時產生構想、靈感和創意，成為創新與創造性產出的源頭。

(5) **豐裕**：不論是財務、健康、感情，你會開始看到生活的每個領域都愈來愈豐裕。

(6) **游刃有餘**：你的生活會過得很順利，天時地利人和，幾乎就像被幸運之神眷顧，被宇宙善意的力量護持。

(7) **以心轉境**：心想事成，彷彿宇宙中有一股力量在支持你。

　　這些高度覺察的狀態聽起似乎很神祕或屬於靈性層次，但都是真的，所有的人都可以體驗到。別誤解，忙碌有時候是好的，但只適合生活在一般層次的人。

　　前面提到七種特質，請拿出筆來，選出你最想要從本書裡學到的三種。這個簡單的動作可以幫助你從書中得到更大的收穫。請暫停閱讀，先做這件事，如此你在閱讀本書時會帶著刻意的**意圖**。

　　不論你此刻處於何種狀況，我希望你明白：你的人生可以有更寬闊的境界。不論你的事業或工作處於何種階段，本書的設計都是要讓你從新的角度發掘自己，看待世界，讓你在做人做事上有大幅的提升。

　　這是我的經驗談。不久前，32 歲的我還住在父母家裡的

一個房間，開的是日產 March，一個月勉強賺 3000 美元。那是 2008 年的事。今天，就在本書即將出版時，我有幸經營數百萬美元的企業王國，正在改變全球的教育面貌。對 2008 年的我來說，我現在的生活簡直是不切實際的幻想。

但你也可以做到，凡是你的靈魂來這世上要做的事，你都可以達成。本書要分享我學到的所有方法，幫助你比我更輕鬆、更快速做到。

# ◑ 十年實驗

2008 年，我的公司 Mindvalley 只有 18 人，專門為個人成長的作者建立網頁和網路課程。我沒有主要的熱門產品，坦白說，我每個月要燒掉 15000 美元，現金快要見底。我的小團隊在住宅區三房的小房子工作。

我有遠大的夢想，但不知道如何實現。我們每個月透過一些小型購物網站的電子商務賺進 25 萬美元，但還是**虧損**。如果我繼續燒錢，我的事業很快就會完蛋。

這種進退兩難的困境讓我陷入憂鬱。我有一個 1 歲大的兒子，這個事業只許成功。但該死的是真的很難。

但我確實有一項優勢，就是對個人成長充滿熱忱，我努力追求不斷成長，希望能成為最好的自己。我盡可能多讀書，盡可能研究每個作者，參加每一場個人成長的研討會。我每天做的事就是：

- 追求個人成長。
- 追求事業成長。
- 不斷重複。

談到事業或工作，我們通常不會把心思放在個人成長，而是專注在經營策略、產品創新、企業文化等。這些我都嘗試過了，甚至把我的小事業的不少股份送給一位史丹福企管碩士，希望能引進現代管理的創新做法。結果根本沒有用。

不只是這樣而已。我是在美國創立 Mindvalley 的，我是移民，拿不到工作護照，最後只能將整個事業遷回出生國，馬來西亞。我夢想將 Mindvalley 變成全球知名的品牌，那時的我卻困在馬來西亞的吉隆坡，情勢很不理想。

我沒有產品，沒有錢，處於極為不利的情況。

因此我轉而將心力放在一個特別的目標：創造世界上最好的工作環境（我**為什麼**選擇這個目標以及最後的結果，在第二章會有清楚的解釋）。我想只要能搞定這一點，其他的自然水到渠成——包括人力、人才、產品創新、資金等。如果我致力創造這麼棒的工作環境，我自己工作起來也會更快樂，會有更多時間追求成長，活得更精彩。

這份熱忱成了 Mindvalley 的實驗，整個實驗過程中，我發現有一套原則能夠讓工作變成充滿創新、生產力、創造力與快樂的遊戲場。不僅如此，這套原則還能催生出一種新型的員工或企業家：這種人能融合本性裡的惡棍和佛陀特質，輕鬆自如地創造佳績。

接下來的 10 年裡發生了很多改變：

- Mindvalley 的辦公室獲得《企業雜誌》（*Inc.*）評選為 2019 年全球十大最漂亮辦公室。如同讀者在後文將看到的，Mindvalley 起源於馬來西亞吉隆坡一間倉庫後面的房間。但我們改造辦公室後，現在已成了辦公室設計師的研究範例。

- Mindvalley 創造了極富吸引力的工作文化，世界各地都有人遷移到馬來西亞，到我們的總部工作。Mindvalley 雇用 60 個國家的優秀人才，走進我們的辦公室就像走入聯合國，充滿多元色彩。

- 我們的團隊關係充滿活力，表現愈來愈好，在幸福與健康等多種指標上都明顯高於一般水準。加入 Mindvalley 的人會變得更年輕、快樂、健康、體能更好。我自己隨著年齡增長，健康指標卻一年比一年更好。最近我們獲得所在城市頒發「最健康雇主獎」（依據保險資料評選）。我們的員工較少生病，多項健康分數都優於平均水準許多。

- 但最重要的結果是：本書付梓時，我們將會達成一項相當不尋常的成績——成為一家收入接近一億美元的教育科技公司，而且**完全沒有**創投業的資金奧援。這在產業界非常少見，和我們營收差不多的競爭對手大約會募集 7500 萬到 3 億美元，我們卻在沒有創投資金的情況下做到了。

- 最棒的是，我的生活平衡而快樂，每天早上醒來都覺得幸福又感恩，和周遭的人維持親密的連結和愛。我能夠投入讓我快樂的事情，又能夠四處旅行，帶兩個孩子看世界，認識最棒的人，且因為我做的是對世界有貢獻的事而得到莫大的成就感。

此所以這是一本獨特的書。我創造了自己的實驗室，儘管身處資源較差的地點，又無法取得資金，我運用本書的觀念將我的公司發展到營收一億美元。我記錄下每一次痛苦的教訓和精彩的「頓悟」時刻，讓讀者也能複製同樣的成功經驗。

## ◑ 你內在的神奇魔力

我是工程師，擁有電子工程和電腦科學的學位，一輩子都是科學宅。我的腦子和流程、數字、程式、試算表特別對味。

但我一直對一種人很感興趣，這種人似乎不是那麼倚賴硬數據，但能夠快速產生構想，強烈吸引適合的人，且似乎異常「幸運」。他們的目標、公司、團隊往往吸引很多人想要加入。這種人若是受雇於組織，總是表現得游刃有餘，談笑間業務便手到擒來，渴望的升遷加薪都沒問題，很多人甚至能同時處理多項業務，兼顧不同的角色與責任，每件事都做得很好，賈伯斯就是最好的例子，能夠身兼皮克斯和蘋果的領導者。壓垮別人的力量對這一類人就是無法近身。

這類超級員工做事總是得心應手，展現超凡的專注力與創造力，以讓人炫目的速度拿出絕佳成績，好比艾爾頓‧強（Elton John）曾經一年發行四張專輯，那一年全球的音樂銷售量他一人獨占 5%。

他們通常也是人際關係的專家，能夠與團隊、廠商、周遭每個人密切合作，在商場上努力追求雙贏。我後來認識了一些極富魅力的領導者，在他們身上都能看到這些特質，好比維京

集團的布蘭森和知名主持人歐普拉（Oprah Winfrey）。

　　他們最獨特的一項特質是似乎運氣特別好，一切好像都很順遂。獲得升遷和肯定的人都是他們，事業輕輕鬆鬆就做得有聲有色，彷彿整個宇宙都朝著對他們有利的方向運轉。

　　他們的個人生活也過得很精采，通常身體都很健康，似乎也比一般人老得慢，擁有圓滿的家庭、友誼，和周遭每個人都能維持良好的關係。這些人並不是天生具有幸運的優勢，好比智商很高，而是依照一套獨特的原則在經營人生。這些超級巨星同時體現了佛陀和惡棍的特質。所有的人都能發揮這兩種特質──本書就是要帶你走這一趟旅程。

# ◑ 辛苦工作的迷思

　　那麼為什麼要執著於辛苦工作、忙碌勞苦，犧牲其他所有的東西？簡單的說，那是因為我們不明白什麼叫「正常」。失靈的教育制度教我們要在職場上求生存，而不是做一個健康茁壯的人。成功通常是依照你的銀行存款數字或名片上的頭銜來定義，但人的複雜程度遠超過頭銜或職位。要了解這一點，你必須弄清楚我們都同時生存在兩種世界。

　　一個是我們與其他人共享的外在世界，包括工作、事業、文化、儀式、與他人共有的意義。我們太把重心放在嚴格控管這個外在世界，致力透過法律、規則、結構、流程來管理生活。但我們還有一個存在腦中的內在世界，亦即我們的希望、恐懼、抱負、夢想、每天的各種情緒起伏，也包含所有的懷

疑、希望、過度大膽的想法、隱藏的渴望或抱負。對多數人而言，這個世界完全沒有結構可言，混亂無序。

一個人必須為這個內在世界帶入秩序，才能維持平衡。要做到這一點，你必須知道這個世界是由什麼組成的，還要清楚知道你要在這個內在世界體驗到什麼，然後才能到外在的世界去追求。這表示你要拒絕接受辛苦工作的謊言，以下面的觀念取代：

靈魂來這世上不是為了體驗工作的艱辛和勞苦，而是為了自由、自在與擴展。

我到世界各地見過許多人，從億萬富翁到中國深山的靈修老師都有。我發現真正了不起的人並不會「辛苦」工作，而是專注培養某種內在的狀態與自我認同，讓生命能夠毫不費力地開展。

## ◑ 改變工作的心理模式

這趟旅程的第一步是改變你的心理模式，你整個生活與工作經驗的作業系統。心理模式是由你的信念構成的，你的信念又是你的生命的主開關，因為現實是主觀的東西。

1977 年，著名的物理學家玻姆（David Bohm）到柏克萊演講。演講的摘錄後來發表在里卡德（Matthieu Ricard）和鄭春順（Trinh Xuan Thuan）所寫的書《量子與蓮花》（*Quantum* and the Lotus），他很清楚地解釋我們的信念如何與我們對現實的體驗交互作用：

> 現實就是我們認爲眞實存在的東西。
> 我們認爲眞實存在是因爲相信。
> 我們會相信什麼是由觀感決定。
> 會產生觀感是因爲有所追尋。
> 我們會追尋什麼是受到思想左右。
> 我們的思想建立在觀感上。
> 觀感決定我們相信什麼。
> 相信什麼決定我們認爲什麼是眞的。
> 我們認爲什麼是眞的就成了現實。

簡而言之，現實並不眞地存在，全部是我們製造出來的，隨時隨地。但你可以以心轉境，現實是可以改變、塑造、嘗試以不同的角度看待的，你會發現很有意思。如果你做對了，工作與生活可以融合爲一，發揮永遠在玩樂中生活的高明藝術，因爲你會擁有超凡的能力可以全部兼顧。

## ◐ 人的多重面向

我創立 Mindvalley 時，有幸找到世界上最優秀的人才。我爲了寫第一本書《活出意義》，花了大約 200 小時訪問頂尖的思想家，探討人類的思想，然後將我學到的心得整合成幾種變

革模式（transformational models）。

我爲這些模式取名，讓讀者更容易了解，也更容易應用在你的生活上。下面是我會運用在這本書的幾種。

# 1.意識工程（consciousness engineering）

這是一套能夠幫助你在任何主題拓展覺察力的思想架構，基本觀念是認爲在一種領域要有所成長，都必須注意兩個重點：

(1) **現實認知模式**（Models of Reality）：現實模式就是你的信念，你的信念會變成你的現實。如果你相信辛苦工作才能成功，結果就會是如此——那是**對你而言**。但別人可以抱持完全不同的信念。

(2) **生活系統**（system for living）：這是你達成目標的最佳程序，好比上健身房的鍛鍊方式。套用在工作上，可能是如何讓你的目標與團隊一致，或同時做很多事，或發揮超乎尋常的專注力與神馳狀態（flow）。

本書每一章的最後都會整理那一章的現實認知模式和生活系統，讓你在落實書中的觀念時可以輕鬆參考。

如果把人想成一部電腦，你的信念就像你的硬體，你的生活系統就像你的軟體。如果你希望電腦更快速，可以**升級硬體**或**下載軟體更新**。同樣的，要讓你的信念升級，你要拋掉讓你無法前進的觀念，改採讓你感覺更強大、更有自信的新信念。若要升級系統，則要採取更好、更優化的作業系統。

你可以從這樣的角度了解任何天才或頂尖人才是如何成功

的。我的朋友奎克（Jim Kwik）是世界知名的大腦訓練師，曾在 IG 的影片說：

我要揭開隱藏的真相，暴露神乎其技背後的方法。每當你看到某人在健康、運動、商業等方面表現出不可思議的成績，神乎其技的背後都有一套方法。因為天才會留下線索。

當你在生活中應用這個方法，你會很快就變得非常厲害。本書的每一章會揭露新的現實認知模式和新的生活系統，讀者可自由運用在你的生活上。

## 2. 超瞎規則

我們都會遵循某些被灌輸到腦中、形成制約反應的規則，我稱這些信念為超瞎規則。

我們周遭到處可以看到這類規則，如果不加質疑，這些規則會將我們困住，讓我們無法好好營造更豐富的人生。現在是你應該打破長期以來信之不疑的工作超瞎規則了。

## 3. 以心轉境（bending reality）

這個概念在書中會一再出現，因為這是成功培養佛陀與惡棍這兩大特質不可或缺的。最能展現創意、將工作的藝術發揮到淋漓盡致的人，通常都能任意進入這種特別的心理狀態。在這個狀態下，人生的發展如有神助。好運氣、機緣巧合、做事得心應手的神馳狀態似乎都來為你助陣。讀者也許在人生的某

個時間也體驗過，重點是要能依據需要進入這個狀態。

有趣的是，艾薩克森（Walter Isaacson）在他為賈伯斯所寫的傳記裡三度提到「以心轉境」這個詞。他寫道：

他之所以會在腦中扭轉現實，根本原因在於他相信規則不能套用在他身上。他有證據可以證明這一點，小時候他常能運用以心轉境的方法來滿足他的慾望……他感覺自己是……被揀選出來的。「他想到，這世界上有一些人很特別，像是愛因斯坦、甘地以及他在印度見到的大師——他認為自己也是其中之一。」

我在上一本書《活出意義》裡提到，我發現有兩種心理狀態的奇特交疊，似乎能讓人以心轉境。第一是因為充滿幸福感與熱情，讓人感覺工作幾乎就像在玩樂（本書第二部會提到）；第二是懷抱明確的願景，因而會受到激勵努力向前（參見本書第三部）。**幸福感**與**願景思想**這兩大支柱讓人能夠發揮更好的功能。

賈伯斯不是第一個談到這個狀態的商界傳奇人物。一百年前，80多歲的大亨洛克菲勒（John D. Rockefeller）寫了下面這首詩，後來發表在朗契諾（Ron Chernow）所寫的《洛克斐勒》（Titan）。

我很早就被教導要工作兼顧玩樂，
我的人生是漫長的快樂假期；
有充實的工作和豐富的玩樂——

一路走來拋卻煩憂──

感謝上帝日日眷顧。

洛克菲勒是當時的世界首富。你在他的文字裡也會同樣注意到上述兩項元素：幸福感與願景思想。

除了心理模式如意識工程和以心轉境，本書還會探討高效能的企業經營方法，但不會花太多篇幅談企管專業。

書中唯一談到企管的部分，是強調在設計管理系統與職涯發展系統時，應考量人的多重面向。

## 4. 隱形領導

不論你是財星五百大企業的執行長或正在起步階段、只能在星巴克工作的獨力創業者，或是大公司的員工。不管如何，你都可以選擇當領導者。你有能力改造你的工作，影響那些與你共事的人與團隊。即使你沒有正式的頭銜，還是可以運用書中的策略在你的岡位上發光發熱，影響你的同儕。這個做法我稱之為**隱形領導**。

事實是每個人都是領導者──但多數人都沒有理直氣壯地主宰自己的生活與經驗。你不需要執行長的頭銜，同樣可以影響周遭的人。所謂隱形領導者，就是即使你的名字沒有冠上執行長這三個字，仍然能展現影響力（事實上後文會說明我為什麼拿掉我的執行長頭銜，並因而在帶領團隊時發揮更大的效果）。

# ◑ 你不只是神經元所控制的肉身

如果我們把人類看成只是由複雜的神經元控制的肉身，就會以特定的角度看待工作，這是非常狹隘的角度。

我寧可相信人類絕對不只是如此，我們是多面向的生命。

我們是肉身沒錯，有很多神經元也沒錯，但我們同時也有精神和靈魂。我們是能量的化身，是複雜的生命，有著深刻的願望、靈魂的飢渴、獨特的超強能力等待被開發。

如果你以為你買的這本書是傳統的商業書，我很抱歉，希望你買的書店有周全的退費政策。

# ◑ 本書的三個部分

本書分成三部，每一章都探討得很深入，這是一本包含豐富觀念和實用策略的書。因此，如果你發現有些部分很有用，可能需要讀兩次才能真正吸收。

但本書不一定要以直線方式閱讀，你可以跳過某些章節，或直接閱讀最吸引你的篇章。下面會說明各章的內容，如果你時間匆忙，無法從頭讀到尾，可以直接先讀最吸引你的部分。

### 第一部：發揮磁吸力—探索內在，吸引外力

你來到這世界要做什麼？當你依循你的真正目的和**靈魂印記**，其他的一切都會變得容易許多。

想像你的事業就像一塊強大的磁鐵，將世界上的一切都吸

引過來，你需要的人才自然會向你簇擁。

你夢想的人才會突然出現，帶著與你完美配合的技能、信念和態度，就像遺失的最後一塊拼圖。整個過程毫不費力，有種超自然的奇異感覺。

在第一部，我會訓練你成為強大的磁鐵。關鍵在於你所做的事——不論是為你的組織、倡議、計畫或人生使命努力——都必須與你內心深處的價值和靈魂印記相符。

**第一章：發掘你的靈魂印記**

每個人的生命都是以獨特的方式開展。你經驗的每一個重要事件都會留下痕跡：每一次攀上高峰，每一次跌落谷底，每一次的快樂與痛苦。就是這些經驗將你形塑成你注定成為的人。當你明白了這些經驗的意義，就會發現宇宙對於你注定要成為哪一種人有一套計畫。你來這世上是要扮演你的獨特角色，完成你的事業和使命。你最重要的職責就是發掘你的本質，忠於它，依據它行事。

**第二章：吸引盟友**

最好與人聯手一起追求成功。這世界太複雜，不宜單打獨鬥。人們會被你吸引並不是因為你的事業企劃多高明，而是因為你的夢想帶給他們希望。情感比邏輯更能感動人，你能給別人的最寶貴禮物就是邀請對方共享你的夢想，如此你就能發揮磁吸力，和你需要的人結成盟友，任何夢想都能實現。

**第二部：發掘你的力量—改造工作與放大成果的四項元素**

我在公司面試過數千人，對於人類的行為有一項驚人的發

現。人們不論投入任何工作，都渴望透過工作滿足四大需求。當你有了這份了解並能加以應用，就能讓人愛上他的工作與所屬的企業文化。這也是你需要的。當你將這些人性的需求融入你的工作，職場就會變成療癒心靈與放大力量的地方。

這些道理一點都不神祕，世界頂尖心理學家、哲學家、精神領袖發展出來的傑出理論都已提供佐證。

### 第三章：激發深度連結

人類總渴望團結在一起，對歸屬感的需求內建在我們的DNA。我們也許以為每個人各自為政，事實上人與人之間存在無形的連結。當你知道如何影響人們對歸屬感的需求，你就能創造出合作比單打獨鬥更有利於每個人的社會。

### 第四章：學會泰然自若

在這個有太多選項的世界，我們常會跟隨別人的意見，而不是依循自己內在的指引。你一定要學會好好愛自己，信任你內在的渴望，然後你才能引導這些夢想、願景和慾望去實現精彩的人生。做為領導者，你也可以幫助別人做到這一點。然後，你們所創造的共同願景就能輕鬆完美地實現。

### 第五章：將成長設為終極目標

你的靈魂來這世上不是為了達到什麼成就，而是為了成長，多數人都弄錯了，被成功誘引，被失敗摧折，明明是無意義的事物卻賦予極大的意義。事實上成敗只是幻覺，唯一重要的是你進化的速度。你的生命之旅是要去除所有阻止你自我實現的障礙。

### 第六章：明智選擇你的使命

自我實現讓你的人生能掌握優勢。下一步是利用這項優勢鼓舞別人，讓世界變得更好——這就是自我超越（self-transcendence）。當你達到這個境界，你會得到超乎想像的滿足感。你的目標不再只是讓自己變得更好，或陷入無止盡的內省，而是利用新發現的能力，為別人以及子子孫孫創造更美好的世界。

### 第三部：成為有遠見的人——融合佛陀和惡棍的特質來改變世界

你在第三部將學會成為願景型領導者，創造出真正鼓舞別人、帶給人希望的願景與目標。然後你將學會輕鬆快速地邁向這些宏大的目標，額外的好處是你甚至不必犧牲健康、情感生活或家庭。我們會破除辛苦工作才能創造佳績的觀念，這個觀念往往讓人在不知不覺中身受其害。

### 第七章：啟動你內在的願景領導力

在生活中努力達成一個大膽到讓你害怕的願景是最美好的經驗。你致力追求的任何願景都應該對你有強烈的吸引力，誘引著你，讓你激動到晚上睡不著。讓我告訴你一個天大的祕密：你的願景愈大，愈容易實現。當你抱持這樣的心態，你可能會發現，你的願景並不是源自你，而是宇宙選擇透過你來實現世人的需求。

### 第八章：統一腦的運作模式

要實現真正宏大的願景需要很多人一起貢獻腦力，整個團隊的行動必須像一個統一的超級大腦。有史以來第一次，我們

有絕佳的工具可以做到這一點。但多數團隊的作業方式仍侷限於古老的合作體系。當你學會創造統一的大腦，你就能展現驚人的速度和高超的技能。

### 第九章：提升你的自我認同

世界就像一面鏡子，你是什麼，它就反映什麼。神奇之處是你可以改變你的自我認同，世界便會順應新的你。但你的改變必須夠徹底，讓你相信這個新的自我認同，以這個新的你來過生活。

## ◑ 結語

時機已經到了，我們應該讓工作發揮應有的影響力。同時要發掘內在的神奇力量，徹底改變工作方式，進而鼓舞周遭的每個人。如果你還在觀望，看看是否可以把責任移轉給周遭哪個人，你應該開始重新省思，看清楚你其實遠比你自己以為的更強大、更有力量。你景仰哪一位開拓者嗎？其實你和他們並無不同。貝佐斯、布蘭森、馬斯克、哈芬登、歐普拉，你可以挑選任何一位來效法，或者你可以塑造你的自我認同，只要能讓你產生力量。

是到了你該問問自己的時候了：你要成為哪一種領導者？你要在這一生體驗什麼？你要子女記住你留下什麼？現在我們該團結起來，矯正錯誤的工作觀了。

讓我們從現在就開始吧！

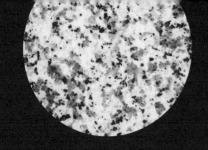

# 第一部

# 發揮磁吸力
## ——探索內在，吸引助力

太多人為了融入周遭的世界，到頭來卻埋沒了自己獨特的天賦。企業家也不例外，我們模仿別人的時候往往多於讓自己發光發熱的時候。

我所謂的發光發熱是指發掘你的靈魂深處獨特的基本價值觀——宇宙為了某種理由放入你心中的價值觀。你要將這獨特的價值觀注入你碰觸到的一切事物，努力將你的「靈魂印記」烙印在你創造的一切，不論是一款新的 app 或一本書或一家公司。如果你這麼做，你就能發揮磁吸力。

第一章會請你做一個非常重要的練習，讓你了解你來這世上是要做什麼。也讓你在思考邀請誰進入你的生命時，能一貫做出正確的決定。你會學到為什麼需要將獨特的靈魂印記烙印在你所創造的一切。我將這個學習的過程稱為探源練習（Origin Story

Exercise），這個練習的設計就是為了發掘你深植內心的價值觀。你會逐漸明白，核心價值觀是無法捏造的，只能源自你。

在第二章「吸引盟友」，你會學到如何將你的構想──不論是關於事業、組織、非營利事業、社群或計畫──變成像磁鐵一樣，能吸引你需要的人才。你將學會先以情感再以邏輯與人溝通，如此便能有效分享你的構想。你會知道要透過哪些步驟產生構想並呈現給世人，然後你心目中的理想人才──具備確切符合你需要的技能、信念、態度且認同你的使命──便會突然出現。

當你依照這兩章介紹的方法去做，你就能毫不費力地依循你的價值觀，與你有同樣價值觀的人也會被你吸引。你身邊環繞的將會是你實現願景確切需要的人。你將不再是被動地因應人生，而是主動型塑你的人生。

# 發掘你的靈魂印記

永遠不要忘記你是誰，因為世人肯定不會忘記。把你的特質變成你的強項，它就永遠不會是你的弱點。把它當作盔甲穿在身上，它就永遠不會被用來傷害你。

——馬丁（George R. R. Martin），

《權力遊戲》（*A Game of Thrones*）（《冰與火之歌》第一部）

．
．
．
．
．

　　每個人的生命都是以獨特的方式開展。你經驗的每一個重要事件都會留下痕跡：每一次攀上高峰，每一次跌落谷底，每一次的快樂與痛苦。就是這些經驗將你形塑成你注定成爲的人。當你明白了這些經驗的意義，就會發現宇宙對於你注定成爲哪一種人有一套計畫。你來到這世上是要扮演你的獨特角色，完成你的事業和使命。你最重要的職責就是發掘你的本質，忠於它，依據它行事。

從 2013 到 2016 年，我的公司 Mindvalley 一直在燒錢。一連串的災難幾乎讓公司倒閉，那三年都在爲生存而戰。

有一天我又在生存模式下度過痛苦的一天，到了晚上我癱坐在廚房椅子，心情很低落，我正深陷危機。晚上十一點，我只想要用力癱倒床上，關燈睡覺。但我和一個可能成爲 Mindvalley 老師的人約定時間通電話，要請他參與我們很受歡迎的一個談論課程內容的節目。**還好我守住約定了。**

那一晚我在電話中第一次見識到勞歐（Srikumar Rao）的高深智慧。

勞歐是知名的商業教授，在哥倫比亞和倫敦商學院一類學校上課。他的課有很多人排隊，因爲他的教學完全創新。他將古代哲學家、靈性大師的智慧與現代美國商學院的觀念融合起來，與典型的 MBA 課程很不一樣，比較像是十三世紀哲學家詩人魯米（Rumi）加上美國企業家威爾許（Jack Welch）的智慧結晶。

勞歐住在紐約，但不是典型傲慢的紐約客，而是一個謙虛務實的印度人。他是那種在群體裡只有偶爾才開口說話的人，且說得很慢。但只要一開口，房間裡的每個人都會閉上嘴，因爲他們知道他的話會讓人震撼。

那晚我們還不認識，但他很善於讀心，我的語氣讓他知道我壓力很大。

他問：「維申，先別談事業了，你還好嗎？」

「好啊。」

這當然是謊言，勞歐也知道，因此他再追問下去。他給我

的感覺是很有感情、很誠摯，我覺得可以放心向他傾訴。我一直硬撐著把所有的痛苦悶在心裡，這時一股腦傾洩而出，說出一長串混亂無頭緒的自白。

「勞歐，我累壞了，壓力好大，健康狀況每況愈下，懷疑自己是否有能力領導和擔任執行長。我拚了命要讓公司維持下去，但我不能和任何人說這些，全部悶在心裡，我已經不知道該怎麼辦了。」

勞歐聆聽後說：「維申，我要讀一首詩給你聽。聽著就是了，那是十三世紀的詩人魯米寫的。」

「好。」

但我腦子裡想的是：**讀詩？他是開玩笑的吧？我掏心掏肺傾吐心事，他卻要上一堂該死的讀詩課？**

但他真地讀了。

就是下面這首：


**當我追逐我以為我想要的東西，**
日日深陷痛苦與焦慮的火爐；
但如果我耐心守在原地，
我需要的自會源源而來，沒有任何痛苦。
我因此領悟，我想要的也想要我，
也在追尋我和吸引我。
明白這個道理的人自能掌握個中奧妙。


我當時並不明白，直到兩年後才逐漸**真正**了解這首詩的真

實意涵。但當時勞歐問我這首詩是什麼意思，為我開啟了領悟的旅程。所以現在我也把問題拋給你。

**你認為這首詩是什麼意思？**

請停一下，思考你的答案再繼續讀下去，若能寫下來更好。**你認為這首詩是什麼意思？**

本書最後會再提醒你一次，再次請你思考這首詩的意涵。你可能會驚訝你的新解讀。

魯米的意思是，有時候你會覺得需要追逐你想要的，但這個慾望是源自內心深處的自我嗎？或者這是人造的慾望，被文化制約設定在你的腦子裡？

這和**真地想要**不同。你是否經歷過一種幾乎無法解釋的奇妙時刻——你覺得沒有特別的理由卻被某一個地方、觀念或人吸引。我確信你有過類似經驗，也許是某個點子強烈地吸引你，或某個願景讓你徹夜失眠。有時候似乎毫無道理，甚至讓你覺得有些詭異。依照常識判斷根本不太可能實現，但你就是沒有辦法不去想。

也許我們都有獨一無二的靈魂印記，依據靈魂想要在這一世尋求的經驗而形成獨特的標記，就像每個人都有獨一無二的指紋？

## ◑ 發掘你的靈魂印記

現在我已學會聆聽我的靈魂印記——你可以稱之為內在的感知或直覺。我相信你也聆聽過你的靈魂。這種時候宇宙會送

來你需要的一切，你會見證到神奇力量的展現。

你的靈魂印記是內在的一套指令，讓你在不知不覺中依循指令行事。套用商業用語，你要發掘你的基本價值才能創造出你的靈魂印記。

本章會告訴你，這些價值無法捏造，必須來自你本人，因為那是你的靈魂的獨特標記。我會詳細解說如何發掘靈魂印記。

這就是我所謂的像佛陀一樣思考。虛幻的外在世界把你訓練成追求那些不是真正重要的事，但你要避免被這些觀念洗腦。當你學會聆聽真正屬於你的聲音，你會明白你的靈魂這輩子究竟想要做什麼，這也就是**你來到這世上的真實理由**。

你的靈魂印記表現在你固有的一套獨特價值觀，這會讓所有的決定變得很簡單。當你發掘出你的價值觀，你的生命會激發新的共鳴，吸引更多與你的真實慾望相符的人事物，排拒不符合的。

我們太多人都在追逐**自以為想要**的東西，因為我們被洗腦要相信這些就是我們需要的。於是我們去做那些會摧折靈魂的工作，或建立與內心深處的渴望沒有共鳴的事業。我知道那種滋味，因為我經歷過。

2010 年，我在矽谷當時正當紅的數位優惠券領域，建立由創投基金支持的新創事業。我對數位優惠券一點興趣都沒有，只是因為知道這個行業正在蓬勃發展，便與人合創公司。我們爭取到第一輪 200 萬美元的資金，發展得很順利。但經營半年後，我意識到我的生活變得很悲慘。我很怕去上班，看不

到我的產品有什麼價值。因此我將我的大部分股權讓給共同創辦人便退出了，離開時感覺自己很失敗。

我一開頭就錯了，因為我不了解自己的基本價值觀，也就是我的**靈魂印記**，這實在很可悲。如果當時我會問自己幾年後才學會的下面這句哲學問題，就不會經歷那一番折騰了：

如果我是一個靈魂，要選擇人類的經驗，**我為什麼在這裡**？

如果你的事業經營得很成功，或正在創業，或帶領一個團隊，本章接下來的內容很重要，甚至可能完全翻轉你的事業。

我們太常被灌輸要生產符合市場需求的產品，因此會問自己：「你要賣什麼產品？」或「市場要什麼產品？」但這些問題應該放在價值觀的脈絡裡來探討。多數人應該問而沒有問的是：「考量我的價值觀、能帶給我滿足感的事以及我想要的成長方式，我可以透過獨特的方式提供這世界什麼？」

當你要從事某份工作或創立公司，你要先了解你的價值觀。你的書、部落格、服飾系列、app 或事業都應該注入你的獨特價值觀。如果你不是領導者，你也要釐清你的價值觀，如此才能讓你結交到志同道合的盟友，找到你能施展才能的事業。

你以及你創造的任何事物之所以能發揮特別的優勢，關鍵就在你的價值觀。不僅如此，價值觀還能讓你感覺你的工作有意義，知道你對這世界真地發揮了影響力。市場調查、資料研究、顧客調查都要**服膺於**你的價值觀。

要知道，你的價值觀已經在形塑你所做的選擇。釐清你的

價值觀，你的人生會變得比較容易，你會因此避免讓自己陷入困境，以致不得不違背深植心中的信念。你會知道自己是誰，真正想要的是什麼，而不會像很多人一樣渾渾噩噩。

本章會幫助你發掘你的價值觀，對你獨特的靈魂印記有初步的了解。但因爲人們對於核心價值觀實在有太多誤解，在那之前我們要先釐清一些觀念。

# ● 你的價值觀會導向你對世界的新願景

多數企業家都弄錯核心價值了，在 Mindvalley 的草創時期，我當然也犯了同樣的錯誤。2008 年我把團隊成員都找來做價值觀練習，那是模仿矽谷新創事業的做法。我們透過民主投票過程選出公司的價值觀。

團隊的每個成員一人一票，全部 40 人確認了 Mindvalley 的近 300 種特質。我們將之整理出 10 點所謂的「價值觀」，包括：

* 將顧客變成鐵粉
* 勇於做大夢
* 透過學習進化

過程很民主、很公平，但錯得很厲害。

八年後我明白了這個方法有多愚蠢。我將個人的**基本價值觀**（foundational values）與公司的**組織價值觀**（organizational values）混為一談。幾乎所有的創辦人或新創業者都會犯這個錯誤。

我需要學習認清個人創立公司的「動機」和公司的「存在理由」之間的差異和重要性。這件事發生在 2016 年，因為一位前員工——當時叫做納瑟（Amir Ahmad Nasr）——找我吃飯。

我做過最正確的決定是雇用納瑟。2007 年十月他加入 Mindvalley 時，年僅 21 歲。五年後他出版很受好評的回憶錄《我的伊斯蘭》（*My Isl@m: How Fundamentalism Stole My Mind— and Doubt Freed My Soul*），讓他能夠和諾貝爾獎得主、卸任國家元首、改變世界的企業家同享舞台。

這本充滿勇氣的書引發極大的轟動，迫使他遷居加拿大，現在就住在那裡。現在他比較廣為人知的身分是多倫多的音樂家、歌手兼歌曲創作者、創意企業家德瑞瑪‧史塔萊特（Drima Starlight）。作為一個喜歡教學的藝術家，他是很受信賴的策略顧問，客戶包括很成功的創辦人和執行長、富比士傑出青年榜企業家（Forbes 30 Under 30）、榮獲葛萊美獎與艾美獎肯定的說故事人、《紐約時報》暢銷作家、TED 演講者。我很驕傲 Mindvalley 是德瑞瑪的事業起點。

在他的事業爆炸成長期，德瑞瑪逐漸對於起源故事和核心價值產生濃厚的興趣。有一天他邀我吃飯，溫和地指出我關於價值觀的思考錯了。他在 Mindvalley 待了五年，對公司非常了解。他後來成為專門設計企業價值觀的世界權威後，我們仍是好友，現在他能夠幫助我擴展視角。德瑞瑪解釋核心價值有兩

種，以及爲什麼很多人搞錯價値觀。

**基本價値觀**定義公司的靈魂，將對的人帶入這個生態系統，賦予產品獨特的優勢。了不起的品牌、書籍、餐廳之所以獨特，通常就是因爲創辦人的價値觀爲這些東西賦予獨特的「味道」，例如耐吉、蘋果或星巴克。這些價値觀也是形塑文化的最重要原則、主要信念與基本觀念。基本價値觀源自公司的創始團隊，用以決定誰能**進入**公司。如果你是一人創業或自由工作者，那就是你據以做爲行事準繩的價値觀。

**組織價値觀**是人們進入公司之後發展出來的一套規則，決定員工應表現哪些行爲，才能與同事每天合作無間。公司上下要對這樣的規則達成共識。隨著團隊與公司逐漸成長，組織價値觀會變得愈來愈重要。

Mindvalley 有一套清楚的組織價値觀，就是前面分享的那幾項，那是由團隊所建立的。但我這個創辦人從來沒有好好表達我的基本價値觀，也就是一開始我的靈魂爲什麼會驅使我建立這間公司。

德瑞瑪指出我的這個錯誤。但他接下來告訴我的話將促使我做出戲劇化的改變，以致在一年內失去了 30% 的團隊成員（後文會有更詳細的說明）。

德瑞瑪說：「維申，你可以把個人的基本價値觀想成就像美國的創國文件一樣。美國憲法很神聖，在美國史上只有經過很重大的程序後修改過幾次，都是因爲美國創國元老未預見或公然忽略的重大理由。」按照他的比喻，組織價値觀就像國會通過的法律一樣。

他繼續說：「你的個人基本價值觀和憲法很類似，那是你早期形成性格的過程中歷經考驗而逐漸確立下來的，尤其是童年和青春期。這部分長大後鮮少改變，除非經歷極度的混亂不安、創傷或生活環境的重大改變，否則多半維持相當一致，在很長的時間裡不太改變。」

「組織價值觀則是你將一群人拉在一起時形成的，通常是在共識下產生，隨著新成員來來去去，以及市場環境與世界的變遷而較常改變。組織價值觀扮演很重要的角色，就像國會經常創立、更新、通過法條。」

法律就像活的藍圖，引導與規範適當的社會行為，代表人民的意志。法律必須遵循美國憲法且互不衝突，否則會被視為違憲而被拒絕遵守。此所以光有組織價值觀還不夠。組織價值要真正產生影響力，必須根植於基本價值觀背後的**動機**，這部分直接源自創辦人或創始團隊。

但多數企業都忘了這一點，多數創辦人都忘了自己的價值觀很重要。他們因為謙虛或想要配合現狀而將自己的價值觀隱藏起來。但別忘了：

多數情況下任何人都可以模仿你的事業。但如果你的事業是建立在**你的故事上**，就沒有人可以模仿。當你將你的價值觀注入你的事業，你便能為你創造的東西賦予特別的生命。

在個人電腦外觀很醜的時代，賈伯斯為蘋果注入美學價值觀；當談話節目都是利用醜聞和家庭八卦吸引觀眾的時代，歐

普拉賦予她的節目愛與療癒的價值觀。

如果你是創辦人或領導者，尤其不能忽略你有根深柢固的個人基本價值觀在驅使你。你必須知道這些價值觀是什麼以及如何帶給你動力，否則就像榮格（Carl Jung）說的，「除非你將潛意識喚醒到意識層，否則它將主宰你的人生走向，而你會稱之為命運。」

那麼你要如何發掘這些價值觀？你要從釐清基本價值觀開始，不能自欺欺人。那是直接源自你的內心深處的，關鍵在於如何發掘。

# ◑ 你的種籽是什麼？

我是第一批試用核心價值探索法的白老鼠（稱為探源練習），透過這個方法發掘我的四個基本價值觀，徹底改變我的工作方式。我問德瑞瑪如何發展出這套方法，他說了一則我永遠不會忘記的故事。他稱之為「菩提樹下的智慧」，源自他從祖父那裡學到的饒富深意的一課。

### 菩提樹下的智慧

我小時候多數假期都在北蘇丹首府喀土穆（Khartoum）度過，藍白尼羅河在此會合，這是我的出生地，家族多數成員都住在這裡。我去探訪祖父，祖父家的前院花園種了一顆菩提樹，但那時結出的菩提果實愈來愈少。

我和祖父幾乎每天都坐在樹蔭下下棋，祖父總是利用這段

時間教導我人生的道理，和我建立了很深的感情。在我的生命中他是很重要的導師。

有一天我們在菩提樹下下棋，他撿起草地上的一顆落果，剝開，擠壓，取出一顆種籽。他說：

「乖孫，你看，這是菩提籽，可以長出菩提樹，不會長出芒果樹或蘋果樹。菩提籽只會長出菩提樹。當然你必須重在適當的土壤裡，給它水，且一定要有充足的日曬。但歸根究柢，無論如何菩提籽只會長出菩提樹。」

接著他又說：

「這棵菩提樹老了，快死了，就像我一樣。我老了，有一天也會死，有些事你一定要了解。當你逐漸老去，時限來到之前，你有責任回答一個重要的問題：『我的種籽是什麼？』」

「你的種籽只會長出本該長出的東西，就是這樣。不要因為雜七雜八的事心有旁騖，不要一天到晚耍心機，或被社會上的雜音耍得團團轉。要傾聽內在的聲音。」

「你要問自己：『我的種籽是什麼？』一旦你知道了，就要繼續尋找人生的答案。」

「懷著謙卑尋找答案，你也可以實現人生的目的。」


德瑞瑪的故事深刻說出世界上幾十億人的內在眞相。我們沒有人是複製人，每個人都是獨一無二的，以一套深植內心的核心價值做爲藍圖，形塑我們的行爲。價值觀就是我們待人處事所遵循的信念，就和 DNA 一樣是我們的一部分。

就像 DNA 一樣，當你明白了是何種信念驅使你去做所有

的事，做選擇時就會容易許多，也就能加速達成你想要的事業成果。

## ◑ 探源練習

這是 2016 年夏天德瑞瑪帶領我做的練習。那是我人生中一個關鍵時刻，因為我第一次領悟到我的過去如何形塑現在的生活。

### 第一步：回想最好與最不好的時候

德瑞瑪首先要我想想一生中最好和最不好的時候。「閉上眼睛，回想你小時候最痛苦的經驗。」

在這每一次經驗中都會浮現價值觀。最不好的時候——被種族歧視、霸凌——促使我培養出某些價值觀，好比重視多元化以及對別人的同情。最好的時候，如看到某項產品受歡迎，或看到人們參加我創立的活動時神采飛揚，則是在我心中埋下創新的價值觀。

### 第二步：找出最重要的價值觀

接著德瑞瑪要我將價值觀列出來。他問：「生命中什麼對你最重要？」我花了大約 20 分鐘列出下面幾項：

變革／連結／同情／成長／人文主義／美學／願景／快樂／超越／愛／改變／自我引導學習／質疑／創新／未來主義

## 第三步：濃縮

接下來要檢視這張清單，將相關的價值觀歸類在一起。立刻可以明顯看出分成四大類。

**與團結相關的價值觀**

連結／同情／人文主義

**與自我成長相關的價值觀**

變革／成長／超越／自我引導學習

**與創新相關的價值觀**

美學／願景／改變／創新／質疑／未來主義

**與愛相關的價值觀**

快樂／愛

## 第四步：為價值觀命名

下一步是為每一個類別命名。我可以清楚看出，這四類價值觀已變成就像我的一部分 DNA。每一類應該有一個名稱。例如第三類是與創新相關的，我決定命名為「心懷願景」。

我做練習時想出下面四種基本價值觀：

* 團結
* 擁抱變革
* 心懷願景
* 愛

神奇的魔力就是這樣產生的。太多創辦人、顧問、專家都變成複製人，創造出模仿現況的公司、工作和產品，在今日世界這樣已不夠，此所以你必須將你的價值觀注入工作中。

　　如果你服務於某公司但不是創辦人，你的基本價值觀就是你每天早上帶到工作上的資源。不論你以為你的工作多麼微不足道，都適用這個原則。我認識一個客服專員，她的價值觀是快樂，因此她傳送給顧客的每一封電郵都注入這個價值。

　　我的四項價值觀後來為 Mindvalley 創造獨特的優勢，我們在公司內部是這樣形容的：

⑴ **團結**：我們堅定擁護多元化、人文主義和環保，相信人類要團結邁向更美好的未來，也就是異中求同，擁抱全人類。

⑵ **擁抱變革**：我們相信應該支持每個人蛻變成更好的自己——不論是我們的顧客、夥伴或員工都是如此。我們相信你的個人成長應該是你的生命中最重要的事。

⑶ **心懷願景**：我們不畏懼質疑現狀，永遠不會停止突破界線，創造更美好的未來。我們的預設做法是創新、創造與發明。

⑷ **愛**：我們非常關心團隊成員、夥伴和顧客，抱持關懷和愛互相對待。

　　這四項價值觀讓我們在同業間特別突出。

● 團結的價值觀讓我們能聘用 60 國的人才，聚集在一個辦公室工作。

- 擁抱變革的價值觀讓 Mindvalley 的每個人都非常認真看待自己的個人成長。
- 心懷願景的價值觀讓我們能不斷改造產品和服務，在業界維持領先地位。
- 愛的價值觀讓我們營造出有利團隊成員維持親密友誼的文化。

　　我運用這每一種價值觀來塑造品牌的優勢。讀者可以利用本章最後的練習如法炮製，把你的價值觀變成品牌故事。其實你的價值觀能做到的不只是如此，發掘價值觀還能幫助你了解你自己的行為。

# ◑ 決策背後的隱藏力量

　　在我發掘出上述四種基本價值觀之前，我並不知道我的許多決定都有隱藏的力量在引導。我發現我有時候會找一些合作起來不是很和諧的夥伴，或碰到重大決定時會陷入矛盾與猶豫。我還不知道**變革**是我的基本價值觀之前，曾在其他領域創立公司，結果只是一次又一次失敗。但當我在蛻變成長（human transformation）的領域創立公司或計畫，總是非常成功。當你知道你的靈魂印記，就會知道你的獨特優勢。

　　**心懷願景**是我在這個練習中發掘出來的另一項價值觀（也就是想像能創造出什麼新的事物）。我是玩樂高玩具長大的，又擔任過工程師，總覺得我在建造、創造、發明時能表現得最好。對我而言沒有什麼是一成不變的，創新根本是我的生活方

式。但在 2016 年之前，我不知道這個價值觀多麼深植我的心中。我將心懷願景列為價值觀之前，前員工對 Mindvalley 最負面的評價是「改變太快」。

但對我而言，要在這個產業生存，改變是必要的。當我確立並清楚定義心懷願景這項價值觀之後，「改變」成了我們的生活方式，現在我們能吸引那些在快節奏環境中表現優異的人才。公司裡幾乎沒有人再抱怨業務改變太快，加入我們的人反而認同創新是必要的。結果是同仁更快樂，業務更蓬勃發展。

現在，我們在 Mindvalley 做的每件事以及每個同仁身上都能看到這四項價值觀被發揚光大——團結、擁抱變革、心懷願景、愛。我們的徵才頁面有一段文字特別介紹這幾項價值觀，詢問有意加入的人：「你認同我們的價值觀嗎？」

我們在發布的徵才訊息中就開始檢驗員工的核心價值。潛在員工找到我們的那一刻就得接受這項挑戰，持續整個聘僱過程都是如此，直到他們獲邀加入公司。此所以我們吸引的人才都能體現同樣的這些特質。

多數人都是盲目過生活，不知道有一些隱藏的深刻信念在形塑他的行為，因為從來沒有被教導要注意這些事情。聽過德瑞瑪下面這段話之後，你更會覺得這實在很沒道理：

維申，你的價值觀必須來自你的靈魂。公司是你創立的，你會來到這世界是有理由的，你一生中會有那些經歷也是有理由的。你要聆聽內在的聲音，決定哪些價值觀對你最重要。不要外求，不要採用那些莫名其妙的投票制度。

記住：如果你是公司的創辦人，你必須發掘你的價值觀，將之注入剛開始發展的公司。不要小看你的價值觀，那是刻意被放入你的靈魂的，那是宇宙要透過你創造某種東西的種籽。你要仔細聆聽靈魂的聲音。如同賈伯斯在 2005 年著名的史丹福畢業演講中所說的：

向前看無法對人生的發展掌握全面的了解，你只能往回看，將所有的點連接起來，並相信那些點終將在你的未來串連起來。你必須相信某種東西──你的直覺、命運、生命、業報等等。我採取這個心態，事後印證屢試不爽，對我的人生影響深遠。

回顧你生命中的事件，曾經歷過的失敗和痛苦，巔峰和谷底，你的價值觀就是這樣形塑出來的。這些價值觀必然會引導你決定要創立怎樣的公司，從事怎樣的工作。價值觀必須源自你。當你的人生發生影響深遠的重大事件，價值觀便深深植入你的內心。我領悟到，那些時刻往往讓人痛苦，卻也是那些時刻讓我們有最大的成長。最艱難的經驗蘊藏最深刻的價值觀，那正是人生籠罩烏雲時的銀邊。

## ◐ 痛苦裡隱藏著禮物

這是基本價值觀的大祕密。有時候，基本價值觀會從你經歷的痛苦和煎熬中浮現。你的價值觀通常是你的潛意識慾望：

想要確保別人不會經歷和你一樣的痛苦。

因為經歷過痛苦，你的價值觀成了你想要帶給世界的療癒，或者套用魯米的另一段話：

傷口是光照進內心的窗戶。

被列入安全觀察名單（下一章會敘述這個故事）以及被迫離開美國是痛苦的，但我不懊悔，這件事幫助我認清我的主要價值觀：團結。

當你看清楚你的苦包含隱藏的禮物，接著便會發生神奇的事。名著《活出意義來》（*Man's Search for Meaning*）的作者弗蘭克（Viktor Frankl）說出下面這句話時，可能就是這個意思：

當苦有了意義就不再是苦。

通常不會只有一種價值觀可以定義你，而會有很多價值觀。重點是先一一列出，整合後找出排在最前面的那幾項。

探源練習可以大幅改變你追求美好人生與成功事業的方式。對我確實如此。我想你在本章最後的練習中也會有類似的經驗，這時請記住：

你過去的痛苦常常是重要的線索，引領你發掘生命的意義、價值觀和目的。

# ◑ 將這些心得帶入你的團隊

　　將基本價值觀帶入團隊時有一點要注意。這個過程有些部分可能會短暫造成不便，甚至稍微痛苦。2016 年我在 Mindvalley 落實基本價值觀，造成 30% 的團隊成員離職。這並不令人意外，當你引進新的價值觀，就是在改變公司。因此最好是一開始就依據基本價值觀建立事業，之後再建立團隊。

　　但如果你的事業已經在營運，那就做完練習後將你的價值觀帶入。並不是每個人都會樂於看見這樣的改變，但這不表示他們是錯的，只表示可能不再適合共事。

　　好處呢？十二個月內我們展開三年的加速成長，且公司上下都能認同這些價值觀。2016 年加入「新版」Mindvalley 的員工，留任時間增加將近 50%，平均每位員工貢獻的營收增加一倍，整體而言也更快樂，因為我們價值觀相符。

　　好處明顯超過短期的缺點，價值觀有利建立績效更好、更能密切合作的團隊。因此你要堅持一個原則：把基本價值觀擺第一。

　　你可以跳過文章，開始進行探源練習。也可以繼續閱讀，了解當你設定基本價值觀之後，接下來要著力的重點：組織價值觀。下圖是將基本價值觀和組織價值觀一併檢視的樣子。

　　基本價值觀源自創辦人，然後擴散到整個公司。組織價值觀源自團隊。在本章最後的練習裡，我會說明如何建立組織價值觀。這算是選讀內容，如果你沒有共鳴，可以跳過去直接讀第二章。組織價值觀是你和你的團隊成員一起建立的。

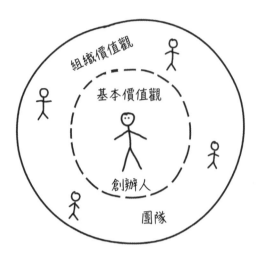

　　但首先請停下來做下面的探源練習，是到了你應該發掘自身獨特靈魂印記的時候了。

## ◑ 本章概要

### 現實認知模式

　　**你必須知道你的基本價值觀**。不論你現在是否知道，你的所有決定都是由你的價值觀形塑的。一旦你能清楚定義你的基本價值觀，就會明白你接下該做什麼，該和誰建立連結，才能營造充滿希望的人生和事業。

　　當你明白你所依循的價值觀，生活中的每件事都會變得比較容易。你明白了你為什麼做你所做的事，需要哪些人加入你

的團隊，應該接下哪些業務，你的事業將如何改變世界。你會感覺像佛陀一樣非常平靜，胸有成竹。你的沉穩態度會像漣漪一樣擴散出去，在一言一行中展現領導風範。

一旦你知道自己要什麼，接下來要做的就是吸引對的人，這部分你將在第二章學到。

## 生活系統

### 練習一‧探源練習

依照下列的指示來定義你的基本價值觀。要記住，這些價值觀不能捏造，必須是將既有的價值觀找出來。做完練習後你會列出一些價值觀，幫助你釐清你要創立的事業、活動或計畫，以及如何定位你的組織，讓你能找到最適合的夥伴。

**第一步**：**重新連結過去的深刻經驗**。價值觀往往是從痛苦中浮現，因為在這些時刻我們會對未來的行為做出重大的選擇。但價值觀也會在巔峰時刻浮現，那些讓你驚嘆或快樂到永遠不想忘記的時刻。想想你生命中最巔峰和最低潮的時刻。記住：如果你經歷過重大的創傷，做這個練習時若有家人或諮商師的支持會很有幫助。

你要問自己：你小時候經歷過最痛苦的經驗是什麼？

**第二步**：**詳細寫下你的故事**。在腦中回到那個時刻，清晰描述出來。當時有誰在場？發生什麼事？你當時有什麼感覺？

例子：「我從鞦韆跌下，掉進泥巴裡，朋友全都嘲笑我。」

**第三步**：**運用同樣的方式回顧 5 到 25 歲**。回顧你的過去，每一段記憶都要重複步驟一和二。如果有幫助，你可以劃一條時間線，將你經歷過非常痛苦的時間點標示出來。

**第四步**：**寫出那些時刻浮現的價值觀**。想想你從所有的痛苦經驗中學到什麼，有什麼重大的收穫。你抱持的是怎樣的信念？在每一段記憶旁寫一個詞，敘述你認為源自那個時刻的信念或核心價值。例子：「真實」「勇氣」「連結」。

**第五步**：**定義你的價值觀**。檢視你寫下的所有價值觀和信念，說明那對你的意義。

我和德瑞瑪為這個練習的延長版製作附贈影音，引導讀者按部就班做練習，你可以上網查看 www.mindvalley.com/badass。目前德瑞瑪專門主持主管研習營，私底下和訓練夥伴柴爾斯（David Anthony Childs）合作，為北美與全球各大品牌的最高領導者擔任教練。讀者若對他們提供的服務想要有更多了解，可參考 www.DrimaStarlight.com。

# ◑ 了解組織價值觀（選讀）

組織價值觀是指團隊成員應該展現的態度和行為，因此要

透過民主程序誕生。

另外，隨著團隊與企業文化的改變，你在事業發展的每個階段都必須重新檢視組織價值觀。組織價值觀的發展是永不止歇的，這是一個演化的過程。我在 2008、2015、2019 各有不同的團隊，組織價值觀都不太一樣。我們一定要不斷回頭檢視與重複說明組織價值觀（相較之下，基本價值觀鮮少改變）。

2019 年我們就是透過下列方式產生組織價值觀。第一步是把一群優秀的同仁集合起來（坦白說，我很想把這些人丟進機器裡複製。他們都能與隊友密切合作，表現優異，專業能力強，更擁有任何團隊夢寐以求的敬業態度）。

我們在那一天之前已做了準備，花了幾個月的時間通力合作。準備工作從我開始，我先釐清我的基本價值觀，同時也思考公司與團隊需要什麼，最後列出我希望 Mindvalley 新演化出來的文化能具體表現出的 10 項價值觀。然後我們請所有表現優異的同仁增添其他價值觀或提出質疑。

某個週五的下午，我們齊聚附近的一間飯店。我們將每一項價值觀寫在白板上。現場總共大約有 50 人，分成幾個小組，討論大家希望同仁表現出何種行為，每個成員都可表達意見。之後我們再重新分組，繼續整合。

最後綜合出一套組織價值觀，取代 2015 年創造的舊價值觀。下面列出部分內容：

### (1) 溝通要透明

- 我會創造一個不會互相批判或自我中心的安全空間。

- 與其溝通不足，寧可過度溝通。
- 我在被別人了解之前會努力了解別人。

(2) **願景領導**

- 我會採取大膽的行動。不論成敗，大膽嘗試構想，即使我不確定結果會如何。
- 我不只透過語言領導，也透過行動。我會表現出我期待部屬表現的行為和態度。
- 我期待別人可以表現出最好的自己。

(3) **團隊合作**

- 我們經常腦力激盪，整個團隊一起共同創造新構想。
- 我會聆聽別人的構想，抱持開放的心態接受反饋。
- 我重視合作而非競爭。


模仿其他公司的點子沒有關係，但記住每一個團隊都有獨一無二的文化表現。此外，隨著企業的演化，你一定要重新檢視你的組織價值觀。記住，你必須**先有**基本價值觀，再有組織價值觀。如果你要在團隊裡落實價值觀，下面提供粗略的指引。


# ◑ 組織價值觀練習（選讀）

組織價值觀是一套規則，規範團隊成員應有的態度和行為，以利日常的合作能順暢進行。你可以依循下面的民主方式列出這些價值觀，作為任何團隊的行為準繩。

**第一步：參考你的基本價值觀**。想想你對目前團隊的成員和未來的團隊成員，在態度和行為上各有什麼期望。

此外也要考量每天實際的工作流程。你希望團隊如何合作？組織目前朝什麼目標努力？需要具備哪些態度和行為才能達成目標？

列出 6 到 10 種核心價值觀，這些價值觀可以反映出你希望在團隊文化中看到的理想狀況。

**第二步：先與主管團隊一起檢視你列出的 6 到 10 種核心價值觀**。請他們檢討、分解、提問、增添其他價值觀，然後決定出最終版的 6 到 10 種核心價值觀。

**第三步：將你的團隊成員集合起來**。你要選出表現優異的員工（必須是年資很老、對目前的團隊互動關係以及公司的需求很了解的人）。你也可以讓整個團隊都參與下列過程。

⑴ 和整個團隊分享 6 到 10 種核心價值。請每個人寫下他認為最能代表理想核心價值的行為描述。例如：**願景式領導——「我會對現況提出質疑。」**

⑵ 將整個團隊分成三人一組，請每個小組檢討並整合組員寫下的相同的行為描述，變成自己那一組的清單。

⑶ 讓三人小組合成六人小組，繼續整合與檢討每個組員寫下的行為描述。

六人小組必須將他們的最終版行為清單寫入正式清單裡，但不能
與其他組重複。

(4)所有的人再度集合起來，檢討每一份核心價值清單，以便整合成
最終版。

**第四步**：**將這份清單與全公司分享**。你也可以進一步發揮
創意，想出團隊的隊呼、準則或格言，讓成員更容易了解並記
住最終的清單。

# 第二章

# 吸引盟友

找一群能挑戰你、鼓舞你的人，花很多時間和他們相處，你的
人生會幡然改變。

——美國演員波勒（Amy Poehler）

‧
‧
‧
‧
‧

　　最好與人聯手一起追求成功。這世界太複雜，不宜單打獨
鬥。人們會被你吸引並不是因爲你的事業企劃多高明，而是因
爲你的夢想帶給他們希望。情感比邏輯更能感動人，你能給別
人的最寶貴禮物就是邀請對方分享你的夢想，如此你就能發揮
磁吸力，和你需要的人結成盟友，實現任何夢想。

2003 年一個尋常的日子，我來到約翰‧甘迺迪國際機場——我到馬來西亞探望雙親，正要回紐約的家。但我到移民局辦公室時，承辦人並沒有像平常一樣在我的護照上蓋章，而是領我進警衛室。

我坐在那裡，焦慮地看著牆上的時鐘每一次緩慢的移動，等待小房間的移民局官員拿出寫著我的名字的黃色檔案。我的腿無法控制地緊張抖動，就像繁忙的電報機一樣。

我會緊張有兩個原因，一是我的行李還躺在行李提領區等待領回，一是我完全不知道到底為什麼要待在那裡。

三個小時後，一名官員叫喚：「維申‧穆罕默德先生。」

沒人站起來，我懷疑他是在叫我。

他又叫一次：「維申‧穆罕默德先生。」

我站起來，拿好包包，慌張走向以玻璃圍起來的辦公室。他拉開窗戶看著我，面無表情。

我問：「你是說穆罕默德或莫罕達斯？」

官員看看手中的護照說：「噢，是了，穆罕默德、莫罕達斯，隨便啦……」

兩者的差異或許不明顯，但不難看出這整個情況多麼不講情面。當時我還有父親的中間名，莫罕達斯。在印度這是很普通的名字，甘地也叫莫罕達斯，但音節近似阿拉伯名穆罕默德，顯然足以啟人疑竇。

「很抱歉告訴你，你的名字列在特殊登記名單上。」

我立即感覺自己好像有罪，雖然我絕對不需要有這種感覺。你是否曾經被指控違法，而你明知道自己沒有違法，還是

會搜尋記憶中是否做過什麼事讓人可以指控你？那就是我當時的感受。

我問：「這代表什麼？」

「你被列入觀察名單，可能是因為你生於馬來西亞。」

「但我的名字不是穆罕默德，我住在這裡九年了。」

「那無關緊要，國務院不願再冒任何風險了。」

所謂的「特殊登記名單」是大約七萬人的資料庫，多數出生於回教國家，更常被稱為穆斯林觀察名單。政府設置這份名單是為了監測安全威脅，減少恐怖攻擊的可能。特殊登記制度規定，在美國境內，來自特定國家、16歲以上的所有外籍男性，都要在一定期間內到指定的移民局辦公室登記。我不是穆斯林，但這應該也不重要。無論如何，反正我都被列入那份名單了。

當時距911恐攻只有十八個月，美國處於高度警戒狀態，這也很合理。但我沒做過什麼事需要被認定為潛在的安全威脅。先聲明一下，2008年我被移除名單，2013年，這整個方案都被廢除，因為他們發現根本沒作用。（但這無法阻止川普在2018年嘗試重起爐灶，只是沒有成功。）

但在2003年我被列入名單的那一天之前，九年來美國就是我的家。現在突然之間我不論是搭機或甚至連下飛機都要接受特殊訪談——可能要耗費磨人的三個小時。搭機變成痛苦的折磨。

但這些還遠遠比不上規定的每月報到。這是最慘的，即使我不搭機，每四星期我都得和一大群外籍人士排隊報到——人

龍綿延環繞紐約市中心的政府機構。有時候冷得要命。二月份有一次我排隊時隊伍已綿延四條街，我顫抖排了三小時，最後終於進入溫暖的室內——但得到的服務依舊冰冷。

輪到我時，他們採了我的指紋，然後拍臉部照片，翻查我的信用卡帳單，檢查有無任何可疑活動。

美國是我的家，我愛這個國家，我希望我的孩子在這裡出生成長。但這裡正快速變成讓我難以居住的地方。

我就這樣乖乖地重複政府核准的儀式，到第三個月，有天晚上我回到家，直視當時的妻子克莉絲蒂娜說：「我實在無法繼續下去了。」我愛美國，但我們不能住這裡，於是我們離開了家。

我要澄清一下，我重提舊事不是要責怪任何人。我所愛的這個國家經歷了慘痛的攻擊，我在紐約的住所距離雙塔不遠，夏天我常常在那一帶滑直排輪。世貿中心就在我住的那一區。911 攻擊讓我感到痛苦，就像所有在美國出生的公民，我希望這個國家安全。

我們離開了我所愛的國家，不是因為我不想住在那裡，而是因為住在那裡變得太過痛苦。新的安檢規定讓我感覺不再受歡迎。

飛機降落馬來西亞吉隆坡的感覺像噩夢般超現實。我從飛機的階梯走到停機坪，望著機場另一端、跑道兩旁翠綠的棕櫚樹。我用力吸進帶有茉莉花香的潮濕空氣，心想：「該死，接下來怎麼辦？」馬來西亞對我而言幾乎是異鄉。我成年後都在美國度過，Mindvalley 是在美國創立的，我的客戶和夥伴都在

美國，我感覺好像被趕出自己的家。

　　但我決心繼續創業，我完全不知道要怎麼做，但我知道一定要找到方法。

## ◐ 內在的聲音

　　我是在 2004 年 6 月回馬來西亞的，當時的馬來西亞有嚴重的人才外流問題。我們抵達時，馬來西亞每年流失大約 30 萬最優秀聰明的人才。最有才能的人都搬去新加坡、香港、英國、加拿大一類國家。那些地方的機會好太多了，馬來西亞被視為發展事業的死胡同。朋友問我：「你到底回來幹什麼？這裡根本沒有好的工作。」至少在馬來西亞我們有親人的安慰和支持，我爸媽仍住在吉隆坡。

　　問題是：**我能否實現夢想，建立一個能滿足美國市場需求的矽谷式新創事業，儘管身在地球另一端一個人才嚴重短缺的國家**？

　　我只有四只皮箱，以及老婆和父母的愛。28 歲了，還搬回父母的家。他們對我充滿信心，給我空間做一個愚蠢頑固的人。

　　就是這時候一個內在的聲音對我說話。

　　你是否曾注意到你的內在有一個聲音在推著你？雖然你不是真地很確定是否有這種東西？那是你的靈魂？直覺？本能？或是因為你吃了過期的沙拉？

　　我從以前到現在最喜歡的引言之一出自電影《我不笨，我

有話要說》，電影說的是一隻會說話、想成為牧羊犬的豬。有一個情節是養豬的農夫感覺他的豬很特別，特別到可能可以贏得牧羊犬的比賽。當他意識到這點時，電影的旁白說：

> 那些帶給你愉快的刺激、不斷在腦中迴盪、揮之不去的小小構想永遠不應該被忽視，因為裡面蘊藏命運的種籽。

記住這句話，這是可以當作座右銘的引言。

我確定你一定體驗過這樣的時刻。你可以稱之為內在的聲音、直覺、創造力、靈魂、本能、第六感、宇宙、上帝，都沒關係，儘管選擇能讓你產生力量的形容詞，什麼都可以。但你要知道，所有的人都有這樣的模糊感覺。

這就是我回到馬來西亞時發生的事，我無法讓我的內在聲音閉嘴。它告訴我：

> 內在聲音：你會在這裡是有理由的，停止自怨自艾，開始建立你稱之為 Mindvalley 的公司吧！
>
> 我：滾開。我沒那個心情。
>
> 內在聲音：坦白說，你沒有多少選擇。這裡的工作文化很糟糕，比紐約和矽谷落後了幾十年。在這裡你無法找到讓你快樂的工作，所以就創造你自己的世界吧！
>
> 我：頗有道理。
>
> 內在聲音：你為什麼認為無法在馬來西亞吸引好人才？沒錯，馬來西亞有人才外流的問題，這裡可能沒有太多人才，但

不要自我受限。如果你能讓別的國家人才外流，說服人們搬到這裡呢？

　　我：嗯，那就很了不得了！但要**怎麼做**？

　　我的內在聲音對這個構想相當興奮，但我的邏輯腦可不是。於是我繞著這個點子思來想去好幾星期，彷彿永遠不會有結果，而我的內在聲音就是他媽的不肯閉嘴。

　　我最大的挑戰是還沒有一種成功的產品，我**不知道**我要做什麼，無論事業或生活都很不順。我有很棒的點子，但現實條件無法提供一個實現任何點子的簡單途徑。

　　我看到同樣的狀況此刻正發生在我的很多同事、朋友、夥伴、學生身上。他們有很棒的點子，直覺告訴他們應該勇敢去實踐，但他們就停在原地，因為害怕自己沒能回答所有的問題而不敢輕舉妄動。但也就因為他們徒有**想法**而不知道實現的**方法**，好好的點子就這樣胎死腹中。

　　在這種情況下他們同樣會對自己和人生喪失信心，這成了只有他們自己知道的失敗經驗。他們再次感覺自己無奈接受現實的條件，於是便自己侷限於「人生很難」或「我做不到」或「那樣太辛苦」等想法。但實際上他們從來沒有認識所有的人與生俱來的真實力量。我在人生的這個時點學到一個教訓，從那之後一再得到同樣的體會。現在這已成為我每次走入死胡同時幫助我脫困的觀念：

　　你不需要知道如何達成一種結果，你要拋開「我一定要知

道**方法**」的觀念。

你唯一需要知道的是你要做**什麼事**，以及**為什麼**要做。

然後你要懷抱熱情與人分享。

你需要的人自然會來找你——帶著你需要的答案，且通常速度比你預期的更快。

這就是本章的重點：關於如何啓發你的夢想，以超強的熱情與人分享，熱情到整個世界受你的吸引。你需要的人自然會走向你，然後你們會一起以心轉境，發揮遠遠超乎一個人能展現的力量。

# ◑ 「我要讓別的國家人才外流」

在一個失眠的夜晚我突然開悟了。如果我可以創造一個極具吸引力的工作環境，讓全世界的人才都願意搬到馬來西亞，幫我建造我夢想中的公司呢？

我腦中開始放送美國哲學家富勒（Buckminster Fuller）的話，他說：

你永遠無法靠著對抗現實來促成改變。要促成改變，你得建造新的模式，讓現有的模式被淘汰。

建造新型事業、世界最棒職場的夢想讓我燃起熱情。這不會是在紐約、矽谷、倫敦、柏林或世界上任何廣受青睞的城

市，而會是在吉隆坡。

我給自己的時限是在 2020 年以前達成目標。我個人的座右銘變成：「管他什麼人才外流，我的公司會讓別的國家人才外流，流到馬來西亞。」

我承認，要說出這樣的話需要相當高程度的幻想，尤其當你一文不名，在貧民區借用老爸工廠後面的辦公室工作。（謝了，老爸，讓我免費使用辦公室。）但奇怪的是，這個狂野的夢想開始慢慢成真。

## ◑ 磁吸人才

無論你是自己經營公司、幫別人工作或自己要創立事業、非營利組織、某種運動，如果你要創造佳績，第一步就要把你自己變成一塊磁鐵，吸引那些能幫助你達成使命的人——那些人可以是你的同事、夥伴或顧客。

好消息是這有一套公式。對多數人而言，首先心態要徹底翻轉。我告訴你，你不需要想通所有的問題。你必須有一個願景，然後從**人才**開始著手。不要想弄清楚實現願景的每個步驟，放棄你必須知道所有答案的念頭，而應該把心力放在吸引那些能幫你實現願景的人才。只要有對的人加入，他們就會幫助你找到**方法**。

這時候全世界會有許多人才渴望成為你的夥伴，他們對你的（也許有些古怪的）構想很有信心，夢想著同樣的未來，他們迫切想要追求的正是你渴望實現的改變。

這就是佛陀心態的神奇之處。重點不在於知道所有的答案，而是相信你的構想，相信別人也有相似的夢想，願意和你合作。重點是順從你的神祕直覺，相信別人和你有同樣的內在智慧。

最棒的是，這些人當中很多都具備你沒有但需要的技能。而且他們需要你。當你和他們聯手，你們就成了一群充滿使命感、勢不可擋的反叛者，足以改變世界。

要做到這一點，你必須遵循本章的練習，把你的事業、運動或你本人經營成富有磁吸力。然後一切都會變得很容易，你會直接吸引你需要的人來到你身邊。最棒的是你不必有豪華的辦公室或任何津貼或（以我的情形而言）一間能夠存活下去的公司，人們自然會被吸引到你身邊。

# ◑ 做一個公車司機

柯林斯（Jim Collins）在《從 A 到 A+》一書裡寫道：「你就像巴士司機，你的公司〔或你的計畫、構想、運動〕就像一輛巴士靜止不動，你的職責是讓它動起來⋯⋯」

他接著解釋：「首先要煩惱的不是『目的地』而是『人』⋯⋯先讓對的人上車，錯的人下車，讓對的人坐在對的位置上。」

我將這句忠告記在心裡。坦白說，這句話不只對經營事業有道理。我很孤單，想念美國的朋友，我不只想要建立成功的公司，同樣渴望和志同道合的人建立社交連結。

我盡一切能力至少爭取一部分人才進來。可悲的是我負擔

不起真正的辦公室，只好在星巴克工作，直到他們取消免費的 Wi Fi 服務，以免像我這種人點一杯特大杯卡布奇諾，霸占一張桌子七小時。

當時是 2004 年，還不是那麼容易取得創業的資金。我 28 歲，一文不名，只能和許多新創企業家一樣，回去找老爸銀行求助。老爸很樂意將倉庫後面的臨時辦公室借給我。Mindvalley 就只是我加上一隻名叫奧茲的拉不拉多犬窩在破舊的倉庫。奧茲是好夥伴，但不會用鍵盤，從來沒有什麼業績。

之後我的大學好友，密西根的麥可加入，成為後來的共同創辦人。我們一起登廣告找兩個實習生，愛黛兒和漢努是我最早雇用的兩個人。我沒有什麼可以給他們，只有微薄的薪水和一個夢。我們的第一種科技產品還要等幾年才出得來，但兩人都認為我們的事業是訓練技能的好機會。

我和麥可這時有兩個實習生加入，我們四人把公司經營到迫切需要人才的程度。我們的主要業務是為當時新興的 Web 2.0 市場建立創新的網路應用，必須和矽谷的新創事業競爭。但因為極度欠缺有才華的工程師、行銷人才和品牌設計專家，導致業務難以成長。我們需要趕快找到聰明的員工。我一個人要做太多事情——這顯然表示我們需要聘用新人。

然後很偶然地，我們找到了解決方法。有一天我只是好玩地寫下一篇宣言，敘述我想要創立的新型事業。

## 策略一：利用宣言徵才

辦公室 1.0 位於很糟糕的地區。早上走到那裡會經過破爛

的人行道，攤販在那裡賣吃的，空氣總是瀰漫著咖哩和烤雞的味道。倉庫後面的巷子裡，貨車裡裝著便宜的編籃，批發運動衫堆在棧板上，還有一箱箱外國來的水果——準備送到更時髦的地方。

我面試的第一個電腦程式設計師自然拒絕了這份工作。坦白說我不怪他，至少他禮貌地說：「我考慮看看。」

這句話的意思是：「開什麼玩笑！我絕不會到這種鬼地方工作。」

要走到我們的辦公室，他得經過一堆三公尺長的箱子，裡面裝滿中國和印度製的成衣準備搬上貨車。

所以問題是如何讓優秀的人才搬到馬來西亞，為一家沒名氣沒資金的新創公司工作。挫折了幾個月後，我明白了正規的徵人廣告沒有效，我們需要新方法。有天晚上我想到變通辦法，隨便拿起一張紙快速寫下宣言，說的不是 **Mindvalley 是什麼**（坦白說不算什麼了不起的公司），或我要找具備何種技能的人才，而是 **Mindvalley 代表什麼**或 Mindvalley 將成為怎樣的公司。我想到的這個點子將打開水閘門，至今我們還在使用這個點子，我稱之為宣言技巧。

一句宣言不會這麼簡單就讓你得到更多應用程式，但會吸引與你的價值觀和信念契合的人，給你**對的**人。

下面是我寫的第一次宣言，呈現所有不完美但值得驕傲的特點。你在讀的時候，請別忘了那是 2005 年寫的，當時的世界與現在大不相同。

**到 Mindvalley 上班的十大理由**（2005）

(1) **自由**：我們明白優秀的人都討厭規則和束縛，渴望自由地用自己的方式做自己的工作。

(2) **宏觀思考**：我們的目標不是設計電子郵件軟體，而是創造 Gmail 以來的最大電郵革命。我們不以創造部落格工具為滿足，而要創造世界第一種「智慧」部落格。當我們建立一個電子商務網站時，目標是要成為效能評比（performance rates）前 1% 的網站。我們希望透過科技改善人們的生活，發揮像雅虎、谷歌或蘋果那樣的影響力。我們喜歡設定宏大、驚人、大膽的目標。

(3) **獲利**：我們絕對是賺錢的公司，預期每個月的獲利成長持續維持 10% 以上。

(4) **優秀的人才**：我們只聘用最優秀的人。一般職位都會篩選至少上百份履歷，面試至少 10 人。進來後你會與業界最頂尖的人才共事。我們明白 A 咖吸引 A 咖的道理。

(5) **福利**：我們對員工很好，包括租金補貼、偶爾贈送音樂會的票、星巴克咖啡、餐點和飲料。我們的創辦人曾在微軟和 eBay 工作，對矽谷寵愛員工的模式深信不疑。

(6) **創意**：一週平均工作 45 小時。其中一週有 5 小時你可以做自己的案子或發明。如果你的案子成功了，我們會幫你推行。這個做法是仿效谷歌和 3M 在組織內部培養創意的方式。

(7) **穩定**：我們從來沒有接受任何人投資，因此也沒有被抽走資金的問題。我們的事業也很多元，涵蓋網路行銷、產品發展、出版、程式設計等產業，如此可保護我們免於因任何一種產業的短期市場趨勢受傷害。

(8) **好玩**：我們將「好玩」列為「事業基礎」。別誤解——我們是很有紀律、很有效率的成長引擎。但我們相信工作應該是好玩的事，人們應該每天都期待上班。

(9) **理想**：我們的每一個員工都花相當多時間當志工，或為非營利事業工作。我們創立這個事業是為了改變世界，獲利擺第二位。因此，有些事業也許不會帶來短期的獲利，但只要能促成正向的社會改變，我們仍會投入時間和心力。

(10) **創業精神**：我們了解，優秀的人會夢想創立自己的公司。我們會幫助你實現夢想，提供訓練和輔導幫助你成長。我們不會要求任何員工簽賣身契。簡而言之，你可以自由地向我們學習，然後等你準備開創自己的事業就可以離開。我們很尊重創業精神。

　　這份宣言裡的觀念引起很深的共鳴，10點內容吸引了一票應徵者。短短一個月，我們在工廠後面的灰暗辦公室擠滿了應徵者。我們不只吸引本地的人才，也收到世界各地高技能人才的履歷。真的很驚人。但更重要的是，我們找到**對的**人才，受價值觀驅使又具備超厲害技能——簡而言之，就是融合佛陀和狠角色特質的人才。

　　我們聘用的一個應徵者是凱里・吳（Khailee Ng），現在是育成創投公司 500 Startups 的常務董事。他是亞洲最有名的投資人和新創事業創辦人之一，也是我們最早的優秀員工之一（員工編號 11）。當時他幾乎可以進任何公司，卻選了我們。

　　當時我並不完全了解這套宣言徵人法為何這麼有效。我們公司當然還是同一間公司，仍然只有我們四人和奧茲，在簡陋

的倉庫辦公，應徵者仍然必須走過同樣的破舊街道，經過同樣的小吃攤。

我們沒有一條條列出常見的工作技能來吸引高階人才，也不相信那樣做有效，而是描繪出鼓舞人心的的願景。宣言就是我們的承諾，是一種態度，定義我們是誰，說明我們打算如何成功經營事業。聰明優秀的人才在乎的是這個，當時是如此，今日也是如此，甚至更甚以往。

這是我學到的很重要的第一課，人們不在乎你**做什麼**，而是在乎你**為什麼**做。當你分享那個最重要的**理由**，你要出自真心誠意，意思是公開分享關於這世界以及你個人的願景，你內心深處的信念。

這裡有一個很重要的原則：你的宣言不是要打動每個人，而是引發極度受吸引或極度厭惡的感覺，最好是多數人都喜歡你的宣言裡的某些部分。如果其他人討厭某些部分也沒關係。但不論你做什麼，絕對不希望引發的反應就是冷漠。

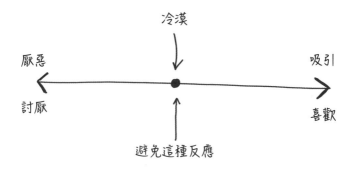

我為公司擬定的新宣言裡（讀者可以在 mindvalley.com/careers 看到），我說我眼中的 Mindvalley 是地球公司，而不是美國、馬來西亞或愛沙尼亞的公司。這讓有些人反感，認為我們不愛國。沒關係，受這一點吸引的人其實多於反感的人。我們吸引到那些抱持世界中心觀的人，這正是我要的。如果你太害怕得罪**少數人**，就無法吸引**多數人**。所以絕不要讓人引不起一點感覺，要避免流於平庸。

本章最後有一個練習會協助讀者創造你的宣言。你不需要經營事業也可以做到這一點。這個道理不只適用位居領導位置的人，也適用隱形領導者。但在你到達那個境界之前，我要先分享一些觀念，幫助你真正深入探究你的信念與動機。

## 策略二：找到你最重要的存在理由

《先問，為什麼？啟動你的感召領導力》（*Start with Why*）的作者西奈克（Simon Sinek）在著名的 TED 演講裡說：「人們信服的不是你做的事，而是你為什麼去做。你做的事只是證明你的信念。」

西奈克還說：「你只有兩個方法可以影響別人的行為：操縱或鼓舞。」

多數人在分享他的經營理念時就是在這個地方出錯——沒有能解釋**為什麼**，也就無法鼓舞別人。不論你是公司的執行長、公司內部的團隊領導者，或是一個希望提出構想或改變團隊關係的資淺員工。要鼓舞別人，你必須發掘公司**存在的理由**並有效傳達給別人知道。

西奈克利用蘋果來說明他的論點。蘋果從來不說：「買我們的電腦吧，因為設計精美且友善使用者。」而是傳遞更深的目的。蘋果勇於挑戰現況，思考方式不流凡俗，只是剛好是透過設計精美且友善使用者的產品做到這些。

星巴克是做到這一點的另一家全球品牌。舒茲（Howard Schultz）帶領星巴克時當然在乎咖啡的品質，但星巴克之所以異於同業，關鍵在於帶給消費者社區中心的經驗。星巴克的**存在理由**是「啟發和培養人文精神」。透過「一個社區、一杯咖啡、一個人」逐步做到這一點。

此所以當你到某個從沒去過的地方，看到咖啡廳前面綠色戴頭冠的美人魚，你就會知道走進去立刻可以感覺和周遭的人、和當地社區產生連結。這也是為什麼去星巴克買咖啡的人支持公平貿易，這也是為什麼咖啡師會在杯子上註明顧客的名字，這個儀式讓顧客感覺受到重視。

再看看耐吉，它的品牌承諾是「帶給全世界每個運動員鼓舞和創新」，而不只是製作精良的運動鞋或銷售鞋面有打勾符號的好看鞋子。

人類天生就是會依據情緒做決定，此所以我們容易受到那些能激發內在情緒的公司和人吸引。事實上，神經科學家達馬吉歐（Antonio Damasio）的一份研究恰證明這樣的連結多麼牢不可拔。達馬吉歐研究杏仁核（amygdala）受損的人——大腦的這個部位專司情緒的處理。他發現，這些腦傷的參與者能夠在概念層次討論決策，但無法做決定，就連吃什麼這麼簡單的決定都做不到。神經科學現在已有實證資料可證明，情緒

與決策過程基本上緊密相連。

　　但人們在做決定時，總以爲是依據事實和資料，也就是運用到新皮質（腦部處理實務、推理、意識思考的部位）。實際上使用的是邊緣系統——處理情緒的神經網絡。

　　因此，如果你要吸引適合的員工、客戶和夥伴，就必須以眞誠、能激發情緒的方式建立連結。換句話說，必須採取人性的方式。所以請拋開沒有感情的企業語言。對很多企業領導者而言，這需要全面性的心態轉變：你要談你的信念、你的價值觀、你對世界的願景。這也是爲什麼我的 2005 年宣言那麼有效。

　　假設你是一個隱形領導者，想要徹底改變公司裡一個不健康的團隊環境。你要做的是思考你對這個團隊的願景，然後和團隊成員分享你的願景和你的動機，和那些願意與你一起實現使命的人結盟。你甚至可以擬定一套宣言，概括你要促成的改變，以及改革的**理由**。你也可以將同樣的原則運用在職場以外，建立很好的社會連結，支持你能認同的公司、品牌和組織。

　　如果你身處傳統產業呢？或者你製造的是消費品呢？你還是可以分享你主要的「生存理由」。

## 身處傳統產業者也可以找到存在的理由

　　我從勞歐那裡學到這個道理，第一章說過他是企業管理教授，也是我的個人導師。

　　有天晚上，勞歐針對公開分享公司價值觀的重要性發表演說。演講結束後開放問答，第一個舉手的是某玻璃製造公司的老闆。

他站起來問：「勞歐，我都聽懂了，但請告訴我：我的公司製造窗戶玻璃，我要如何鼓舞人？」

勞歐提出一連串的問題，請他敘述他的公司，例如什麼事讓他每天很有精神地去上班，他如何關懷員工等。透過這些問題發掘有意義的**存在理由**。

這家玻璃製造商提供那個城市大約 170 人工作機會。創辦人對於回饋社會充滿熱忱，每個員工每年有一次的機會，可以領全薪到流動廚房（soup kitchen）或慈善機構當一週的志工。創辦人相信應該提供穩定的工作給小鎮的家庭，並將員工變成有愛心的市民，因而鼓勵員工每年當一週志工。

勞歐說：「想像把這個故事說出來多麼有力量。」

公司的宣言不應該是「製造史上最優質的窗戶」這類無趣的行銷語言，而應把重點放在志願服務的精神以及服務社區的使命。內容可以是這樣的：

回饋社會：本公司的同仁都是有愛心、關懷社會、相信回饋很重要的人。我們不僅製造與安裝本州最清晰、堅固、抗風雨的窗戶，也希望大眾永遠得到安全、溫暖和保護，這絕不只是簡單的窗戶能提供的。因此，我們整個團隊每年花一星期的時間到工廠外面擔任志工，包括在流動廚房及任何我們能誠心誠意為社區服務的地方。

你必須暫時放下平常的邏輯，探索內心的世界才能做到這一點。傾聽內在的聲音，試著了解你做事情的內在動機。想想

你真正用心要帶給這世界怎樣的事業、倡議或計畫，你希望發揮怎樣的影響。從這個角度思考，你會發現一切的發展是如此自然。

如果你正在徵人，看看你的徵人網站、求才廣告或任何談到徵人條件的相關內容。你用的是無趣的語言嗎？談技能、日常任務、工作性質？或是發自內心談你的信念、你的世界觀以及你**為什麼**要做你正在做的事？

永遠要從你的信念、價值觀、**存在的理由**談起。寫出你的宣言是很好的起點，如此你才能吸引對的人坐到巴士上對的位子（套用柯林斯的明智建議）。

柯林斯說得再清楚不過，你不必總是知道你的事業、使命或計畫會走到**哪裡**，但如果你知道**為什麼**要做，吸引對的人上車，這個多元的團隊就會幫助你釐清要走到**哪裡**。

Mindvalley 成立頭兩年，我的小團隊同時進行數種完全不相干的產品，包括一個販售 CD 的靜坐網站，一個名叫 Blinklist.com 的社交書籤引擎（最後賣掉了），一種新型的部落格軟體，希望能藉此改變電郵和部落格（最後失敗了）。就像許多抱負遠大的創業者，我必須多方嘗試。因此我們做各種實驗，吸引優秀的人才，最後終於齊心推出最有效的構想。此所以宣言應該擺在第一位。一旦你吸引優秀人才加入，接著就要全力實踐你的願景。

## 策略三：擬定你的鮮明願景

你必須先具備讓人認同的信念，才能吸引適合的人才加入

你的事業，其次你還要能提供充滿希望的未來。這就是這項策略的重點。一個人會依據他想要爲自己創造什麼未來，決定採取什麼行爲，因此只要提供人們想要的未來，他就會加入你的事業。

哈洛德（Cameron Herold）是商業界著名的執行長顧問（CEO Whisperer）。他與數百個組織合作過，包括四大無線網路業者和中東某個國家。他教導一種稱爲鮮明願景（Vivid Vision™）的做法，幫助像我這樣的企業領導者實現構想，與目標對象建立真誠的連結。

2019 年我爲 Mindvalley 的 podcast 訪問柯麥隆，他告訴我，他認爲企業領導者最大的問題是缺乏願景，這會廣泛影響公司的每個層級。欠缺願景會感染整個團隊，更不必說感染消費者。

如果你現在並沒有帶領團隊或公司，還是可以將同樣的觀念運用到你的生活上。人生若欠缺願景，你會做出與你的願望不符的無意識行動，所以說擬定鮮明願景非常重要。知道心之所向，做決定就很容易，也就能更快速達成你想要的。本章最後的鮮明願景練習可以幫助你釐清你真正想要的，不論是工作上或生活上。

每個人讀書時都應該學習鮮明願景，但多半只有商學院才會教導擬定願景的重要性。而且他們是倒過來做，典型的做法是讓高階員工齊聚會議室，想出動聽的一段話來介紹公司，然後到處宣傳。

柯麥隆說這樣是錯的。第一，鮮明願景必須源自公司的創

辦人，或團隊領導者。如果你是一人創業或帶領公司的某個部門，恭喜你，一切就靠你了。爲部門創造鮮明願景是你的責任。

柯麥隆給我一個很有用的建議：「忘掉使命和願景，這些話太讓人困惑了。你需要的是把它想成一件事：你的核心目的。」

鮮明願景讓你的一切作爲可以凝聚在一個大框架之下。柯麥隆給我看下面的圖：

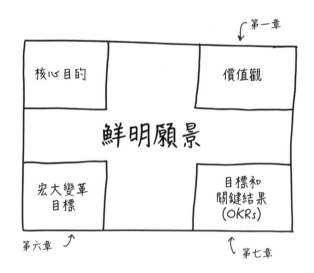

你可以把鮮明願景想成一個容器，工作的其他元素都放在裡面。本章將簡化與探討核心目的。

你會在第一章學到價值觀。先不要管宏大變革目標（你會在第六章學到）或 OKRs（見第七章），現在只需把注意力放

在鮮明願景。

鮮明願景讓未來鮮活起來，做法是擬定體驗式的詳細解說，凸顯在不久的未來，世界將因你的事業而如何不同。在短短的幾句話裡概括你的存在理由，以及你計畫如何達成。然後你要逆向擬定實現計畫的方法。

鮮明願景讓團隊成員、客戶、顧客、夥伴和媒體都清楚知道公司的走向，促使同仁齊心朝同樣的目標努力。鮮明願景讓他們看到可能性，受到激勵和吸引，對於此刻正在營造的未來充滿希望。最重要的是，鮮明願景讓大家能了解領導者腦中的想法，透過團隊的力量快速發揮加乘的效果。

柯麥隆說，創造鮮明願景的最佳方法是思考三年後的事。想像你的事業未來擴大數倍，問自己：未來會因為我的事業存在而呈現什麼樣貌？三年的時間很重要，讓你有充分的時間達到希望的結果，但又不會因為太遙遠而激不起熱情。如此，鮮明願景便能提供最強大的動機，推動你和你的團隊向前邁進。記住，如同我在《活出意義》裡所說的：

> 我們人類常會高估自己一年內能做的事，卻常低估三年內能做的事。所以永遠要想像你未來三年的人生，挑戰極限，勇於夢想。

柯麥隆建議描繪你的鮮明願景時，篇幅不要超過四頁。將內容放到 Google 文件分享，看看有什麼回饋。也可以發布在求職網站和徵才專區。柯麥隆在他所寫的《鮮明願景》（*Vivid*

Vision）以及與埃爾羅德（Hal Elrod）合著的《企業家的奇蹟早晨》（*The Miracle Morning for Entrepreneurs*）裡很清楚地介紹鮮明願景的概念。

當你能釐清鮮明願景，認真寫出來給大家看，你會驚訝發現，對的人才自然會走向你。

舉例來說，Mindvalley 的鮮明願景一開頭說：

想像有一所人類的學校，沒有實體或想像的邊界。這所學校將地球變成一個全球性的校園，融合不同的性別、年齡、國家和文化，海納全球 75 億人。這裡教導的做法讓我們有能力過精彩的生活。不僅如此，還教導我們如何以心轉境，不論被灌輸什麼觀念，都能創造自己想要的生活。在這所學校，學生被鼓勵進行批判性的思考，被容許質疑他們過去的信念和採行的集體制度。這所學校改寫工作的定義，鼓勵人追求創造的慾望。在快速劇變的時代，這所學校勇於試驗最新的工具，熱中追求創新。學生永遠沒有畢業的一天，因為學習是一輩子的事。在這裡學習非常好玩，好玩到你永遠不想停止。這所學校集聚世界上最優秀的老師，將知識傳播到世界每個角落，而且總是勇於提出最重要的問題。

記住，任何部門（或個人）都可以擁有自己的鮮明願景。如果你是公司部落格的編輯，你可以為你希望達到的貼文品質、部落格的風格和夢想、希望吸引的讀者數量、你追求的轉換率（conversion rates）等等創造鮮明願景。另外你要說明如

何讓這個部落格與眾不同，達到世界級的水準。這一切都能幫助你的團隊了解你的想法，讓你聘僱的作家知道要提供什麼樣的作品。

對有些人而言，最大的挑戰是如何發布谷歌文件，與世人分享。你可能會擔憂別人的評斷，但不要因此卻步。你的願景會吸引對的人，不對的人可能會反感，但這正是你希望的結果。

這世界上每一個構想都始於一個願景，而願景源自一個人。構想要實現就必須分享，如果你害怕分享，不妨這樣想：有構想而不分享是自私的。分享與否攸關構想的成敗，因為構想必須被別人聽到或看到才能成形，才能誕生到這世界。佛陀心態不在乎評斷，在乎的是表達內在的真實想法。過程中你也許會失去一些人的支持，但那些人本來就絕對不會幫助你實現使命。

那麼，你對你的公司或你的下一個計畫有什麼鮮明願景？請利用本章最後的問題來引導你。不要擔憂做得不夠完美，儘管讓願景自然呈現。讓你的團隊成員、配偶、你信任的顧客先看一遍，提供意見。共同創造願景時會發生神奇的效果。

當你備齊了適當的元素，你會發現對的人很容易就來到你面前。

當他們到來時，就是你該領導的時候了。本書下一部（第三到六章）會深入探討這些觀念。你會學到不只為你自己創造精彩的人生，在職場上發揮超凡的影響力，更能讓最密切合作的夥伴一起展開這場精彩的旅程。

# ● 本章概要

## 現實認知模式

要吸引你需要的夥伴,講求的不是邏輯。你在溝通時要滿懷熱情與抱負,善用情感的力量。冰冷的使命宣示沒有效果,你的溝通要發自內心。

⑴ **擬定宣言**,概述你要帶給這世界的東西,以及你的信念與價值觀,你的為人處世風格。如果你有網站,把它放上去。記得要分享你**為什麼**做這些事。

⑵ **找出你的主要動機**。丟掉沒有感情的企業行話,談你的信念、價值觀、對於世界的願景,如此可激發人們的情感反應,因為情感才是人們做決定的依據。

⑶ **擬定鮮明願景並公諸於世**。你要談的是三年後的願景。不要擔憂你目前的規模是否很小或根本是在倉庫辦公。你**要談未來,彷彿現在正在發生一樣**。

## 生活系統

### 練習一‧擬定你的宣言

你的宣言不必一定要有 10 點,3 到 10 點都可以。我們的新宣言有 7 點,與我 2005 年分享的那一份相較有很大的進步。如果你沒有經營公司,也可以創造個人的宣言,幫助你從朋友

群、社群、同事當中吸引適合的人。

　　你要問自己下列問題：

- 我們憑什麼成為一家古怪／獨特或引領潮流的公司？
- 我們的做法和競爭對手有什麼不同？
- 我們的文化有何獨特之處？
- 我們憑什麼讓別人產生瘋狂、古怪、奇特的印象？
- 我們的生命觀或世界觀有什麼獨特之處？
- 有哪些事是我們絕對**不會**做的？（例如客戶若要推銷不健康的食品，廣告公司可以拒絕與之合作。）

　　讀者可上網參考 Mindvalley 的宣言：https://careers.mindvalley.com/manifesto。

### 練習二・創造你的鮮明願景

　　想想你想要創立或已經創立的事業、非營利事業、計畫或運動，然後快轉到三年後，世界會變怎樣？你發揮了什麼影響力？你創造了什麼里程碑？

　　你要撥出多一點時間做這個練習，至少 30 分鐘到一小時。到一個能激發創意的地方——咖啡廳、酒吧、花園、甚至是帶著口述 app 去健行——只要對你有幫助。寫下 3 到 4 頁的經驗，鮮明描述一則關於未來的你或你的事業、計畫或運動的故事。利用下面的問題引導你。

　　不要只是運用在你的團隊上，個人同樣可以爲自己的職涯

發展設計類似的願景。

- 你看到你的公司、運動、技能、計畫三年後變怎樣？
- 如果沒有你，這世界會少了什麼？
- 你來這世上是要解決什麼問題？
- 三年後你會達成什麼里程碑？
- 這世界因為你有什麼不同？
- 你的夥伴是誰？
- 你希望人們與你的品牌／作品接觸時有什麼感覺？
- 你影響了哪些團體？

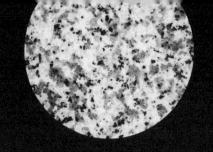

| 第二部 |

# 發掘你的力量

## ——改造工作與放大成果的四項元素

　　想想那些在職場上得心應手的人，他們不只是效率很高，也不會把別人榨乾，反而能支持與激勵同事也表現出最好的一面。這些人能創造正向的氣氛，讓每個人都變得更健康、快樂、富創意。這些超級戰將為什麼這麼厲害？他們就是我所謂職場裡的惡棍，或稱之為狠角色，而且任何人都可以成為其中之一。成為職場高手是有祕訣的。基本上每個人都會想要滿足一套普遍的人性需求，唯有當基本需求得到滿足後，才能真正在工作上有最好的表現。多年來我為 Mindvalley 面試過來自 60 個國

家將近 2000 人。我注意到一個模式：人們在工作上真正想要的不是安穩或有一份穩定的薪水──即使他們自己以為如此。人們想要的可以歸結為四類個人需求。不論應徵者來自何種宗教、文化、國家背景，我一次又一次看到他們追求的是一樣的東西。

這四類需求是：

# 快樂、愛與歸屬

多數人都希望每天早上醒來時，知道自己要去做喜歡的工作，工作環境的氣氛好，同事也是他喜歡的。同時，每個人都希望能夠表達自己。

多年來，我發現當人們說他希望工作快樂，真正的意思是希望能喜歡他所做的事，喜歡共事的人，對公司有歸屬感。此所以第三章把重點放在愛與連結。

# 重要性

多數人都希望知道自己的工作有意義，希望努力被看見，希望能負擔得起溫馨的家、買得起讓自己看起來稱頭的衣服，以及能維持健康的食物，希望有人聽見他的心聲，他的意見受重視，能自在表達自己。

第四章會探討讓人感覺受到肯定和重視的做法。

# 成長

多數人都想要追求成長，希望有機會學習新的技能和知識，增進專業能力，希望能獲得教育和訓練，追求事業與個人層次的成長。

這是第五章要探討的內容，你會學到如何營造正向的團隊關係，讓成員能在彼此的激勵與支持下有最好的表現。

## 意義

多數人都想要知道他所做的工作對社會有貢獻，而不是使人類退步或毒害人類，利用行銷手法引誘消費者對不健康的產品產生需求。他們在乎自己的工作是否能確保地球和人類在幾代之後變得更好。

這是第六章的內容，你會學到推動企業使命以及讓員工持續專注任務的方法。

這四種需求非常普遍，因此我在 iPad 上畫出如下的圖，面試時請應徵者談他們對這四種需求的感受。我稱之為工作象限（Job Quadrant），我認為很有助於了解應徵者的想法，真正看出是否適合我們的文化。

當然，人還是要有足夠的收入來滿足需求。最好是工作不會讓

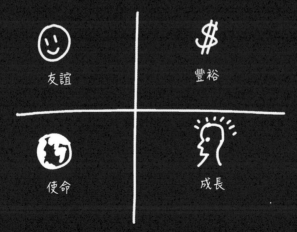

人生病、提早衰老、或對生計造成任何威脅。工作環境應該至少讓人有安全感，但除此之外，人們在乎的東西遠超乎薪水或頭銜。

當每個成員的基本需求都獲得滿足，團隊會發揮複利般的成長效果，成員做任何事都會投入 150% 的心力，而且不是為了得到什麼，而是為了做出成績。因為他們的內在就有動力，而不是靠外在的動力。換句話說，他們不需要津貼之類的誘因。

當你學會滿足這四種基本需求，你就能建立超級屬害的團隊。不僅如此，你會看到你的力量和工作潛能都提高了。工作變成不只是為了賺錢，而是活出精彩人生不可或缺的一部分。

# 第三章

# 激發深度連結

我們是如此緊密連結,別無選擇只能博愛眾生。當你善待所有
的人,這份善也會回到你身上。善的漣漪是宇宙最高的祝福。

——阿米特 · 雷(Amit Ray),《瑜珈和內觀:圓融的生活方式》
(*Yoga and Vipassana: An Integrated Lifestyle*)

人類總渴望團結在一起,對於歸屬感的需求,內建在我們
的 DNA。我們也許以為每個人各自為政,事實上人與人之間
存在無形的連結。當你知道如何影響人們對歸屬感的需求,你
就能創造出合作比單打獨鬥更有利於每個人的社會。

我喜歡人，但坦白說，我們人類有時候確實有點可笑。當我和我的上百名隊員圍成圓圈舉行活動時，我的腦子裡短暫浮現這個想法。我們當時正在一間濱海飯店參加公司的靜修營，地點是馬來西亞西北方一個非常美麗的島嶼，檳城。我們的主持人走進圓圈中心說：「接下來的遊戲會讓我們更能表現出脆弱的一面，但我知道大家都已做好心理準備了。」

在我敘述接下來發生的事之前，我必須先表達我的疑惑：我們為什麼必須玩遊戲才能**坦誠相向**？這實在很奇怪。我不是指別人，我自己當然也不能免俗。

但我們要面對現實，職場通常不是會發生深刻對話和人際連結的地方。我們有時候需要一點鼓勵，才能建立更深刻的關係。

因此，我們的 2019 年團隊靜修營安排了這項活動——活動的唯一重點就是練習「相互連結」。我們曾經舉辦以公司的目標和關鍵結果（OKRs）為主的靜修營，但後來學到了教訓，現在總是先把重點放在建立連結和感情。我們不太談業務或願景，而是著重如何以真正坦誠、開放、透明的態度互相對待。

**當你先把重點放在連結**，其他的一切自然水到渠成——對領導者或團隊裡的每個人都是如此。如果你不是正式的領導者，記住，建立連結的技能可能是隱形領導者能夠掌握的最強大工具之一。首先，你可藉由這個能力在任何組織裡悄悄往上攀升。第二個優點是，當你有能力改造失能的團隊，你會贏得社交優勢。這表示你將永遠不必在惡劣的環境中工作。你的生活品質取決於你花最多時間相處的人，這已經經過科學證明，

因此人際關係遠比你以為的更重要。

在團隊靜修營的那天，我站在圓圈裡，體會到一種安全感和祥和感，但同時依舊有一種強烈不安的感覺。後來我才知道不是只有我這樣。

遊戲的名稱叫：「有誰和我一樣嗎？」方法是請一個人站在圓圈中心，分享會暴露個人弱點的某件事，然後說：「有誰和我一樣嗎？」如果任何人心有同感，就可以立刻站到圓圈中心，加入那人的行列。

遊戲玩開來後，逐漸有一大群勇敢的人一個一個站出來。

有一個人說：「有時候我在社交場合會感覺怪怪的，就假裝我想要一個人獨處，走到一旁去，或假裝忙著講手機，其實只是沒有安全感。」

另一個人說：「我小學時曾被霸凌，花了十年以上才走出來。」

每一次都有人加入中心。還有下面的：

「不論我擁有多少成就，我從來不覺得自己夠好。」

「我擔憂永遠找不到伴侶，我將孤單終老。」

我也說出我的想法：「以前我有時候會陷入極深極黑的憂鬱情緒，懷疑活著到底值不值得。」

十個人加進來，那一刻讓我有很深的領悟，我說出口之前的強烈恐懼消散了。我們十一個人站在那裡接納彼此，傳遞給彼此的無聲訊息是：「我也有過那種經歷，很了解那是什麼感覺。我會支持你，你不是孤單一人。」

遊戲繼續下去，沒有人流淚，許多人臉上只有同情和鬆了

一口氣的微笑。我感受到人與人的連結，很多人也有同樣的感受，工作夥伴之間會有這種交流非常少見。剛開始，可能會讓人感覺有點不安，但最後所有的人都感受到彼此之間產生非比尋常的親近感。

如同你將在本章學習到的，深度連結是營造高度投入的文化與高績效團隊的關鍵元素。當同事能超越「專業」的浮淺關係，產生人與人的互動，就會表現得愈來愈好。

這不只是我個人的意見，已有很多科學研究可以證明社會連結的價值。每個人內心深處都想要與人建立有意義的關係，這是我們都**渴望**擁有的。當我們在職場上能建立連結，生活與工作便能完美結合。

身為個人成長公司的創辦人，我一再看到人們獨自辛苦面對某些想法和經驗，卻不知道其實那是多數人共有的問題。我體驗過幾百次以變革為主題的活動（transformational events）──包括火人祭（Burning Man）、A-Fest、Mindvalley 大學──看到人們比平常在公開場合中更能深度連結。當一個團體被允許真誠分享，便會發生神奇的事。也許你原本感覺不安全、被質疑、甚至覺得自己怪異，這時候都會消失不見。人們不再孤單、困惑、害怕，會覺得有人支持、了解，因而能無所畏懼。

要提升一個人的身體健康、心理狀態和日常表現，第一重要的變數是社會連結（social bonds）。換句話說，一個人對生活的整體滿意度，幾乎都與其社會連結的強度直接相關。這一點現在已有很多科學證據可以證明。

# ● 社會連結的科學

人類是社會性動物。史前人類要仰賴部落才能存活，被逐出等於被判死刑。我們對歸屬感的需求並不是性格特質，而是內建在 DNA 的基本生存條件。

此所以當一個人的歸屬感得到滿足，便會產生任何難關都能克服的信心。反之，若沒有得到滿足，則容易委靡不振。許多神經科學研究顯示，社會連結會讓腦部的獎賞中樞活躍起來。反之，當體驗到社交痛苦（如孤單），則會使得腦部處理身體疼痛的區域較活躍。所以說，心碎是很具體的痛苦。

哈佛大學有一項歷時最久、最講求質性的研究，稱為「非常快樂的人」（Very Happy People），由迪納（Ed Diener）和塞利格曼（Martin Seligman）主持。耗時 80 年，追蹤 222 人的生活，運用多種標準評估人生滿意度。兩位科學家做了極深入的分析，仔細看過參與者龐大的醫療紀錄，進行數百次面對面訪談和問卷調查。最後得到突破性的結果：社會連結與人生滿意度之間有 0.7 的相關性（在科學領域這是很高的關聯度）。

這項研究所檢視的所有因素當中，只有一項與快樂真正相關。不是財富或外貌或名聲或居住地的氣候是否溫暖，最重要的是**個人的社會連結強度**。

我在本書第二部的引言中談到我研究應徵者的反應，發現優異的表現植基於人類的四種基本需求。故事還不只是如此。後來我深入研讀馬斯洛（Abraham Maslow）的作品，注意到驚人的相似性：我設計的四個象限幾乎和馬斯洛金字塔頂端的

四個層次完美吻合。

馬斯洛的需求層次顯示所有的人都會經歷的動機階段。馬斯洛說，任何人要從一個階層晉升到下一層，背後的需求必須得到滿足。舉例來說，當一個人的生理和安全需求滿足了，便會尋求與別人的連結。接著，當社會支持有了，他們會轉而投注心力，以更強力的方式向自己和世界證明自己的重要性。

根據馬斯洛的說法，當一個人的生理和安全需求滿足了，真正重要的事情變成：

**愛與歸屬**：自覺隸屬一個團體

**自尊**：知道你的存在是有意義的

**自我實現**：發掘你真正的潛能

**自我超越**：超越你個人的煩惱，從更高的觀點看事情

我在面試過程中偶然發現的需求（我稱之為工作象限），與馬斯洛所分析的需求層次極相似，證明我要建立新型職場的方向很可能是正確的。兩者的比較如下：

| 我的面試問題 | 馬斯洛 |
| --- | --- |
| 友誼 | 連結與歸屬 |
| 豐裕 | 自尊 |
| 成長 | 自我實現 |
| 意義 | 自我超越 |

友誼／連結與歸屬；成長／自我實現；意義／自我超越，這幾組的相似性很明顯，較容易讓人困惑的是：豐裕與自尊有什麼關係？

事實上豐裕從來不是關於金錢，而是與人們覺得錢讓他得到多少尊敬有關。錢是達成目標的工具（後文會有更多討論）。在馬斯洛的理論中，自尊層次包括信心、力量、相信自己、被個人與社會接納、受人尊敬。當人認為自己需要錢時，其實是在追求這些東西。

檢視馬斯洛的金字塔，你會發現一件有趣的事。政府理應照顧我們，但政府多半到第一層和第二層就停住了（生理需求和安全），剩下的要由誰提供？

我相信人類的結構中最能提供接下來四層的就是職場。工作不應該只是生產產品或服務，可以做的還有很多。

　　接下來三章是以馬斯洛和我自己研究面試對象的結果為基礎。現在我們就先探討透過連結和歸屬得到的快樂，以及將之帶入工作後如何顛覆原本的規則，讓你的生活充實許多。

## ◑ 職場就是今天的部落

　　在上半個世紀，多數人對歸屬感的需求是藉由機構來滿足，例如軍隊、教會、國旗都能建立連結。現在已經不是如此了，這些東西的重要性正以前所未有的速度減弱。

　　留下的空間需要填補，現在很多人嘗試從工作中得到滿足。2019 年愛德曼公關公司的信任度調查報告（Edelman Trust Barometer）可能會讓你驚訝：全球調查顯示，「我的雇主」（75%）受信賴程度明顯高於非政府組織（57%）、企業（56%）、政府（48%）和媒體（47%）。如果你是企業經營者，恭喜你，你獨占人們的信賴，這份信賴賦予你改變他人生活的強大力量。

　　今日的企業掌握了絕佳的機會，多數企業卻錯把公司的需求擺在人的需求前面，白白浪費良機。多數職場都沒有多少空間容納感覺、脆弱或「莫名其妙的」情緒。管理階層的要求和期待就是要表現得很**專業**，這是多麼愚蠢的概念。

　　這套觀念已經過時了（如果曾經發揮過效用的話），那是二十世紀中殘留下來的舊思想。自工業革命結束以來，工作一

直是男性特質的堡壘。可悲的是，很多職場、組織和學校依舊遵循由上而下的威權管理模式，下面的人追隨由少數衣冠楚楚的人選出的領導者。等同企業版的《蒼蠅王》。

戰後的領導者曾在二次大戰服役，把軍事管理的心態帶回每個地方的企業會議室。一個 40 年代的年輕士兵到 60 年代 40 多歲，到 70 年代 50 多歲。戰場上當然沒有空間讓人表達感情，士兵上戰場就是要聽命行事，盡忠職守。

就這樣，偽軍事文化被植入產業界，沒有空間讓你情感豐富，或聊聊親愛的家人，也不太有機會表達健康的社會性支持。這些只能留給家庭。

今天很多企業容許比較放鬆的環境（類似休閒星期五的文化），但威權管理風格還未完全絕跡。容許穿帽 T 上班或免費享用公司自助餐，都不足以促進人際連結的蓬勃發展。

多數人花八小時工作，公司幾乎等同新的部落。多數人和同事相處的時間多於和家人相處。如果你所處的團隊互動是連結性較強的，這是好消息。但如果不是，可能會有很糟糕的後果。所以關於公司**應該**如何經營，我們必須更有彈性。

為什麼要這麼麻煩？請考慮下列幾點：

現在我們知道社會連結是攸關快樂與否的首要因素。事實上，現在已有科學研究顯示，快樂可能是影響團隊表現的單一最大元素，兩者完全正相關。

社會連結 ⟶ 快樂 ⟶ 工作表現

# ◐ 關於快樂的真相

探討企業文化的書籍有時會導向一種幻覺，好像員工應該時時處於幸福的狀態，工作時應該一直很開心，領導者應該為了這個目的實施某些制度。坦白說，這是鬼話。

任何人都不可能一直快樂，任何領導者當然也沒有義務歡喜雀躍穿梭公司走道，在空中拋撒亮片和分送杯子蛋糕，讓大家都笑開懷。

好的公司會設計制度，鼓勵員工培養「正向樂觀」的特質。且聽我詳細解釋。

正向的狀態是指任何一種愉快的心情，好比快樂，在很多種刺激下都可輕易達到這個狀態。好比在 YouTube 看小貓的影片，吃一塊巧克力，在 Netflix 追劇，你肯定就能進入正向的狀態（雖則很短暫）。但人的情緒會不斷起起伏伏。

你可能前一刻開心地在電腦上工作，下一刻接到同事的電郵，說你犯的一項錯誤讓團隊的案子陷入危機，你的心情快速從快樂變成難過。情緒就是會如此變化。

沒有人能隨時保持正向，這樣既不健康也沒有用。事實是「隨時」處於正向狀態會讓人無法體驗真正的滿足。每一種情緒都有它的用途，完整感受所有的情緒是健康的，最重要的是要接受情緒。

入口網站大思想（Big Think）訪問過哈佛心理學家大衛（Dr. Susan David），她說：「這個社會太執著於快樂，無意間使得人們更不快樂。」

你不覺得很諷刺嗎？

很多人渴望時時感到快樂或思考正向，反而無法活出真實的人生，也會降低人的韌性。

## ● 你要追求的是正向樂觀

所以我們要追求的不是快樂，而是正向樂觀。正向樂觀的人即使處於負面的情緒狀態，仍會努力追求好的結果。即使遭遇挫敗、被拒或失去，仍然能看得到美好的未來。他會接受當下的負面情緒，例如悲傷，看清事實：這只是暫時的狀態。

事實是我們都會悲傷。悲傷也有促進學習和自我了解的好處，所以不需要逃避悲傷。正向樂觀就是接受悲傷，同時知道這是暫時的，未來會有更幸福的狀態。

我的好友，了不起的精神導師麥可・貝克維斯牧師稱呼悲傷為「伴侶」。我和麥可一起拍片時，他兩週前剛喪父。我問他還好嗎？他答：

> 我是幸福快樂的人，我知道這些是我的本性。但此刻我感到很悲傷，我不會把它推開或否定它，我將悲傷當作伴侶，是存在我的領域的一股能量，我不知道它會在我身邊多久，也許一個月，也許好幾年。
>
> 但我接受它的存在，也了解它為什麼在那裡。

麥可沒有嘗試對抗悲傷，也沒有讓悲傷擊倒他。而是擁抱

悲傷，了解它。但他知道長期而言他的人生會好好的，這就是正向樂觀。

快樂是**狀態**改變，正向樂觀則是**層次**進化。

你可以嗑了某種藥物而立刻感覺很快樂，但隔天就崩潰陷入憂鬱，因為那只是大腦的化學反應變了，這是狀態改變。

反之，**層次**進化是恆久、不會逆轉的。這是智慧增長的精髓，讓人抱持更寬闊的世界觀。

正向樂觀是**層次**改變——表示你與周遭世界的互動建立在一個更有智慧、更成熟的世界觀上。一旦你覺悟到宇宙是善的，生命終究是美好的，你將永久蛻變，絕不會再回復原本的世界觀。但這並不表示從此過著幸福快樂的日子，而是如同麥可所說的，意味著你會以更健康而有智慧的方式面對偶爾來與你作伴的悲傷、哀悼、失落。

# ◗ 正向樂觀的好處

一個正向樂觀的人比較不會順著情緒反應。他會訓練自己保持敏銳的覺察力，能意識到自己的感覺，主動**選擇**反應方式。

正向樂觀並不是否定悲傷，而是即使在悲傷時也認為未來是好的。

這種思考方式是可以訓練的，就像培養任何技能一樣。你只是需要學習客觀思考，從不同的角度看事情。

世界上頂尖的運動員事先都知道會有挑戰、危險和不舒服的時候，但仍然看見自己贏得勝利的時刻。失敗時能站起來，再往前衝刺。這是因為他們受過訓練，知道如何面對情緒，最重要的，他們背後有一群關懷他們的人給予堅定的支持。若是套用到事業，正向樂觀是你希望團隊擁有的特質。

快樂和正向樂觀要如何衡量？一個名為「正向智商」的新興領域就是專研這個主題，凡是有工作或事業的人都需要注意這方面的調查結果。

# ● 正向智商的力量

有一本書叫做《正向智商：人生成功幸福的關鍵》（*Positive Intelligence: Why Only 20% of Teams and Individuals Achieve Their True Potential*），按照作者查敏（Shirzad Chamine）的說法，正向樂觀就是高正向智商。一個人若是正向智商較高，他的正向感受相對於總體感受的比例較高。簡單地說：一個人若是10%的時間感覺有些壓力或不安全或低落，他的正向智商就是90。該書針對數百份關於快樂與工作的研究進行整合分析（meta-analysis），得到的結論是：「高正向智商的人薪水較高，無論在工作、婚姻、健康、社交、友誼、創造力各方面都比較成功。」

查敏寫道：「你的腦子是你最好的朋友，也是你最大的敵人。正向智商是腦子這兩種心理模式的相對強度。因此，正向智商代表你對自己的心智有多少掌控，你的心智有多大程度為

你的最大利益服務。」

因此，若要建立追求優異表現的文化，領導者必須把心力放在幫助員工發展更高層次的心態。意思並不是只提供機會讓員工維持快樂的狀態（我們且稱之為亮片杯子蛋糕法），而是提供培養正向樂觀的機會（職場上的個人成長與社會支持）。

你不必是團隊領導者也同樣適用這個道理。不論你的工作狀況如何，或當前的目標是什麼，培養正向樂觀顯然都能讓你受益。第四章會介紹簡單的工具如兩分鐘感恩技巧，任何人都能因此得到極佳的成果（在下面分享的例子裡，那家公司的營收因此成長超過三億美元）。

如果你正帶領一個團隊，或要從無到有招聘新團隊，你必須鼓勵員工學習掌控自己的心智，如此才能提高正向智商。

事實上，查敏依據 60 組團隊的比較研究得出驚人的發現：團隊的正向智商是預測團隊成績的**單一最準確**因素。請想想下列幾點：

- 高正向智商的執行長較可能帶領快樂的團隊，成員自認工作氣氛較有利優異的表現。
- 由高正向智商的經理組成的專案團隊，表現成績高出 31%。
- 高正向智商的員工較少請病假，較不會過勞或辭職。
- 高正向智商的經理做決策時較精準謹慎，能夠花較少的力氣完成工作。

那麼你要如何提高正向智商呢？關鍵都在於人。我將下面

五種策略帶進我們的文化。

# ● 利用五種策略培養高度連結的企業文化

不論你扮演何種角色，未來的目標是什麼，掌握好下面五種策略，你就能將任何團體變成社交凝聚力和表現能力都很強的團隊。讓人意想不到的附帶效果是：工作會變得更像玩樂，因為你是和最親近的好友一起工作。

如果你是領導者，請先不要急著辦一場公司歡樂派對，或大方分派聖誕紅利。這些點子很有用，也能提高正向氣氛，但這些表面的策略只會產生短暫的效果。

如果你等待權威人士站出來，改善工作場所的團隊互動關係，等再久也沒有用，不如指派自己去做。任何人都可以透過刻意的作為改變整個團體的互動關係。你也可以運用這些策略來建立團隊，或深化你與任何所屬團體的連結。下面介紹五種策略，幫助你創造我認為最有效的高凝聚職場：

(1) 在職場交朋友
(2) 創造安全與相互支持的環境
(3) 練習表現脆弱的一面
(4) 發揮正向的感染力
(5) 比賽誰更和善

## 策略一：在職場交朋友

現在我們應該嘗試挑戰一種過時的心態。想想看，如果職場上的友誼對公司的重要性不亞於生產力呢？如果公司不只是心心念念最新的時間優化平台，還能用心鼓勵大家互相深入連結呢？如果你和最好的朋友一起工作呢？結果會如何？

如果你認為這些想法沒有意義，下面的資料會改變你的想法。過去總以為職場上的友誼不具生產力，蓋洛普 Q12 員工投入度調查（Employee Engagement Survey）完全顛覆這個觀念。該研究發現，決定工作投入程度的一個關鍵元素是在職場上有一個好友。自稱工作上有好友的人，投入程度比沒有好友的人高出七倍，各項績效指標的分數都比較高：包括較善於應對顧客，為工作帶來更多創新，心智敏銳度較高，犯錯率與受傷率較低。

這是因為在工作上擁有社會連結讓人心情愉快，比較快樂。2014 年我訪問哈佛研究員艾科爾（Shawn Achor），他著有《哈佛最受歡迎的快樂工作學》（*The Happiness Advantage*）、《開啟你的正向天賦》（*Before Happiness*）和《共好與同贏》（*Big Potential*）。請看看下面的資料：

- 當大腦處於正向狀態時，生產力會提高 31%
- 銷售成績會增加 37%
- 智力、創意、記憶力都會大幅改善
- 安排讓醫生心情快樂，他們做出正確診斷的機率會提高 19%

社會連結有助提高生產力，這很重要。但談到快樂與工作，多數人的態度都是「先苦後甘」，或是：「如果我努力工作，會讓我以後比較快樂。」艾科爾鼓勵我們翻轉這套公式。他的觀念大約是這樣：

**心情愉快＝工作效率較佳＝績效倍數提升**

要做到這一點，最好的方法是建立社會連結，如此才能營造出可以讓人感受到愛與歸屬的團隊關係。

這些發現恰與柯林斯在《從 A 到 A+》一書中的一個主要論點相符，他寫道：「我訪問那些在『從 A 進步到 A+』的公司上班的人，他們熱愛工作的一個主因是喜歡一起共事的人。」

## 如何激發友誼

哈佛研究員柯蒂（Amy Cuddy）在《姿勢決定你是誰》（*Presence*）一書中指出，兩個人初見面時，會快速衡量是否喜歡彼此。人們會潛意識問自己兩個問題：

⑴我是否信任這個人？
⑵我是否尊敬這個人？

這是所有關係最初的基礎。如果一個人在初次互動時給這兩個問題的答案都是肯定的，友誼就可能開始萌芽。凡是不成

功的關係，很不幸地都是這兩項元素之一或全部欠缺。任何人若在個人或事業上感覺和某人之間有敵意，給你一個提示：恢復這兩項元素。

Shopify 的執行長接受《紐約時報》訪問，談到建立這方面的指標，他稱之為「信賴電池」。他說：「一個人受雇時的電力是 50% 滿，每一次你在公司裡與這人共事，兩人之間的信賴電池就會充電或放電，要看當時的情況──好比你是否按時完成案子。」

也許我們可以設計同類型的指標來衡量尊敬？將關係想成信賴電池或尊敬電池可以加以簡化，因為關係是主觀的，探討起來比較麻煩。要讓兩個陌生人變成很好的朋友，涉及的變數太複雜，本書無法一一解釋。友誼無法勉強，但話說回來，確實有某些信念與做法可以讓任何人提高成功的機率。

首先，價值觀相同的人較可能成為朋友。所以如果你要雇人，要先確保搞定這一點。然後要定期評估團隊的互動，誠實自問：公司裡是否有些人阻礙友誼的建立？

我曾經解聘一個宗教信仰很虔誠的人，因為他拒絕和女性握手，那違背他的文化。他是很優秀的工程師，但他在團隊裡會嚴重削弱整體凝聚力，讓女性感覺不自在。這很不健康，因為當時我的管理層級有 60% 是女性，他若不能改變信仰就得離開。我們可以尊重宗教信仰，但不能接受讓別人不自在的任何人。

接著要創造社交活動的節奏。友誼需要時間培養，人們需要有很多機會在不同的環境中建立連結。我發現有兩種絕佳的

方式可以建立堅實的社會連結，將愛與歸屬帶進職場：

(1) 社交活動
(2) 儀式

　　任何人都可以透過一個簡單的方法促進同仁之間的友誼，那就是舉辦更多社交活動。聽起來似乎很理所當然很明顯，但多數公司就是辦得不夠多。任何人都可以輕鬆舉辦很簡單的活動，將同仁拉攏在一起。

　　下面我介紹舉辦社交活動的簡單頻率。可分成五類：每日、每週、每月、每季、每年。

　　我們在 Mindvalley 每週舉辦社交時間，通常會延長到很晚。我們每個月也會在辦公室之外舉辦社交之夜，團隊找一間時髦的餐廳吃喝。

　　如果你是領導者，應該要參加，我每次都參加。我發現人們在辦公室之外對上司會變得比較敢說話。我們是社交機器，但受到制約而會遵循所處環境的文化規則。不論工作場合多麼開放，多數人都會遵循一套關於如何說話、衣著打扮、傾聽的規則。

　　但一、兩杯啤酒下肚之後，程式設計師可能會公開抱怨職場上的某些辛苦。或者我會得知同事某種隱藏的才能，或最近的旅行經驗，或個人的成就和辛苦。這些時刻我也可以自在做自己。

　　1998 年我在微軟工作時，很欣賞蓋茲邀請所有新進人員

到他家的做法。我記得看著蓋茲在他家後院幫我們所有的員工翻烤漢堡排，對他充滿敬意。我很欣賞他能立即將我們帶入他的圈子，給我們空間互相分享心情。連蓋茲都可以找出時間幫員工烤肉，其他人當然也可以。

下面就五種可行的活動提供一些建議。

**1. 每日的儀式**：團隊培養關係的每日儀式很重要。我們公司很多最有效能的團隊領導者，堅持每天一開始先進行感恩儀式。以一個 10 人的團隊來說，每個人可能要花上 5 分鐘，但可以幫助每個人深刻連結，互相了解。

做法是每個人要分享一件讓他感恩的事，可以是那天早上配偶幫他泡咖啡，或是因為孩子的擁抱而醒來時看到孩子臉上的笑容，或工作上的成就。我看過遠距團隊透過 Skype 或甚至 Slack 也可以很有效地進行這個儀式，每個人張貼充滿表情符號的訊息。

**2. 每週的儀式**：我的管理團隊每週開會時，總是從人資長伊齊基爾（Ezekiel）開始，他會先問：「大家的生活都好嗎？今天心情好嗎？」

原則上我們接著要分享一週發生的事，但不可以討論工作。我們會公開分享正遭遇哪些狀況，生活中的酸甜苦辣，最近發生的事情等等。我們常會以 1-10 分來評量自己的感覺。舉例來說，在最近的一次會議中，我分享我的心情是 7 分，因為我最近迷上《怪奇物語》（*Stranger Things*）第三季，剛看完第五集，網路當掉，花了四天才修好。等待第六集的劇情真是折磨啊！

分享的內容不必很嚴肅、很認真，但必須像真正的朋友那樣談話。

**3. 每月的儀式**：Mindvalley 每月舉辦社交之夜，通常都是在酒吧。每次都會享用美食，不喝酒的人會有非酒精飲料可以喝。我們從來沒有強制規定舉辦方式，完全自由選擇（如果沒有預算，可以隨興一點，好比在某人的家裡舉辦每人帶一道菜的聚餐）。

我自己常常發現，在這些晚上可以聽到人們平常不會在辦公室提起的事，我特別喜歡聽程式設計師喝一杯威士忌後暢談心事（他們平常多半是靜靜地躲在電腦螢幕後工作）。有些內向的人碰到工程上的挫折和問題不會在辦公室提起，晚上 11 點後吃披薩配葡萄酒，突然在我面前真情流露了。

**4. 每季的儀式**：公司每季舉辦一次大型派對。我們可能會租下一整間酒吧或餐廳。早期我們還沒有預算，則是在我的公寓舉辦。這類派對有時有個主題，也可能比較氣派和正式。

我通常會在邀請函裡請參加者帶來他們最優秀的朋友。這些優秀的嘉賓和我們的團隊成員見面後，最後往往會辭掉原本的工作，加入 Mindvalley。這是徵聘新人最有力的方法。

**5. 年度儀式**：在 Mindvalley，我們會以一個方式深化社會連結，鼓勵同仁表現脆弱的一面，那就是舉辦年度團隊靜修營，如同前文敘述的。Mindvalley 讓全公司的人搭機到一個充滿異國情調的地方待上四天，好好認識彼此。我們會花三天兩夜的時間交流和培養感情。每天晚上都會舉辦精心策畫的化妝派對。我發現化妝派對非常能讓大家變得平等。如果你能成為

任何你想成為的人，彼此的交流自然會順暢許多。

## 策略二：創造安全與相互支持的環境

在 Mindvalley，我在這方面有過負面的直接經驗。2017 年某一天，我操到累倒住進醫院。我躺在床上想著：**我到底怎麼會搞到躺在這裡**？這樣想很蠢，因為我很清楚我為什麼會躺在那裡。

如果你曾經操勞過度，就知道案子做到一半有時很難停下來。即使累了，還是會繼續做下去，不向人求助，全部自己來——我就是這樣。我承擔太多，不可避免最後倒下。

那時我們剛推動 Mindvalley 大學，一種快閃式大學，時間大約維持一整個月。我們第一次推動時是實驗性質，不知道是否可能改造傳統的大學。我們是否能讓人（甚至是整個家庭）遠赴一個新的國家，住上兩週至四週，和一個由優秀的人才與世界知名老師構成的快閃式社群連結？你可以想像，一場活動延續一整個月，每年在不同的異國，這是很龐大的工程。後來證明非常成功，但差點要了我的命。

我們第一次舉辦是請學生和老師到西班牙的巴塞隆納，有300 人參加。隔年在愛沙尼亞的塔林，參與者 1100 人，之後年年成長。

但在巴塞隆納舉辦的第一次，我在活動期間病倒，因嚴重支氣管炎住院，沒有聲音，精疲力竭。我努力完成我負責的部分，讓活動可以順利進行，但結束時我被濃霧般的沮喪吞噬。這是因為工作量太大，加上太多未知的變數造成壓力，那是我

這輩子壓力最大的時期之一。

因此，2018 年我們討論 Mindvalley 大學 2.0 時，我指派好友兼團隊夥伴歐雅（Kadi Oja）承擔。但我很擔憂。

鑑於前一年我的自身經驗，我擔憂她屆時身心健康會受損。我想到要讓她或任何人承擔，內心很掙扎。但她是我們公司最優秀的人才之一，常常到很晚的時間還會發訊息給我，談關於某些部門的構想和建議（那甚至不是她所屬的部門）。她的訊息最後通常是：「不好意思，但你知道我就是這麼愛公司。」她把公司當成自己的，因此當有人提出讓她接管 Mindvalley 大學，我不可能拒絕。我指派她擔任 Mindvalley 大學主任，但有附帶條件。

我向自己承諾絕不讓她經歷我的痛苦。因此我們和負責該專案的小團隊建立 WhatsApp 群組，名為天使。這是為了讓所有相關的人得到支持，沒有人會獨自承受過大的壓力。我們可以透過群組每天了解每個人的狀況，分享感恩的時刻，討論如何克服挑戰，寄送滑稽的影片和禮物逗彼此笑，讓我們能笑著面對第二次辛苦的規劃過程。

除了天使 WhatsApp 群組，我們還會透過每週的聚餐面對面建立連結。有一次聚餐時，我正身陷個人的某種困境。因為專案的壓力太大，我在團隊面前崩潰痛哭。

做為一個男人，又是公司的執行長，在團隊面前哭似乎很可怕，有些人可能覺得是脆弱的表現。我不記得那天我的隊友說些什麼，但確實記得他們讓我感覺安全和被愛。用完餐時我的心情很平靜，知道一切都會好好的。那天他們對我而言不只

是 WhatsApp 的天使，而是有血有肉的天使。那是我在職場上感受到同事情誼的一次很美好的經驗。

那次的經驗讓我想起電影《成名在望》(*Almost Famous*) 裡的一句話。霍夫曼 (Philip Seymour Hoffman) 所演的角色班斯 (Lester Bangs) 說：「在這個已經破產的世界裡，唯一真實的貨幣是你不酷的時候和別人分享的東西。」

當然，你自己必須願意顯露不酷的一面。但這時候你就會發現別人更能看見你的好（稍後再詳論這一點）。

這正是你要在團隊中營造的互動關係，一個順利時大家願意一起慶祝，艱難時彼此扶持的安全空間。換句話說，讓人有足夠的安全感可以尋求支持和協助，而且知道不會被拒絕。

再也沒有什麼比穩固的支持系統更能讓你在工作和生活上度過艱難的時刻。這是很特別的經驗。

在團隊中，要花點心力才能讓成員覺得可以安心做自己，但如同前面所說的，任何人都可以建立適合這種關係的環境。首先要拋開關於工作的超大迷思，以為個人的生活一定要和工作分開。當人們感覺可以自在和隊友相處，真地能發揮神奇的力量。

你如何建立一個讓人感覺被支持的團體？可以透過兩個簡單的做法：

(1) **團體分享空間**：建立 WhatsApp 群組，讓你所屬的任何團隊都能分享個人的事情。亞洲很多家庭都會透過 WhatsApp 群組建立連結，我的整個家族都是如此，我們透過這個方式了解彼此的狀

況。你的團隊何不也效法？

**規則**：創立這個群組的目的是要分享參與者的個人生活，要清楚說明群組是要讓人尋求支持的。面對可能帶來高度壓力的艱鉅案子時，這些群組特別有用。你也可以像我一樣把群組命名為天使，以表明成立的目的是要提供精神支持網絡。

另外，請注意我會建議使用 WhatsApp 是因為這是最廣泛使用的工具，但讀者大可以使用你們國家較常用的任何工具。

⑵**透過餐會維持情誼**：我們每個月一次的酒吧之夜讓大家都覺得非常愉快，因此現在我常邀請團隊成員聚餐。

撰寫本書時，我正在設計我的新公寓。我告訴設計師一定要讓我的家可以容納二、三十人。我計畫每週安排和所有的團隊來個晚餐聚會。聚會的地方必須讓人覺得可以敞開心懷，表現更真實的一面。

任何人都可以做到這一點（如果你是團隊領導者，這尤其重要），雖然可能必須跳脫傳統的做法。

當你營造上述的珍貴時刻，你會看到精彩的構想逐漸浮現。人們在工作時是以專業語言溝通的，這會降低自我的表現。想想看家人朋友都是在哪裡聚會？餐桌。要營造深度信任的感覺，最好不要選擇到餐廳──不妨敞開你家的大門，你會發現收穫良多。

# 策略三：練習暴露你的弱點

作家吳爾芙（Virginia Woolf）寫道：「我重視的是心靈的

赤裸接觸。」當你知道自己很安全，才能自在做自己。當你感受到朋友的關懷，才會願意分享內在的黑暗面和不安全感。

要在職場上培養愛與歸屬感，發展出眞實的連結，需要加入一項情感元素——也就是暴露弱點。

事實是人們會想要表現脆弱的一面（雖然可能不知道自己想要）。要滿足與生俱來對愛與歸屬的渴望，這是不可或缺的元素，但這可能也是我們每個人最大的挑戰。讓我告訴你我學到的關於領導力的祕密：如果你能表現脆弱的一面，代表你是眞正了不起的領導者。

表現脆弱的一面讓人不安，所以才會那麼困難。如果你覺得你已經做到了但並不感到害怕，表示你根本沒有眞地表現出脆弱的一面。恐懼是必要條件。

## 為什麼隱藏壞事並不好

2012 年某一天，我學到關於表現脆弱的一面很重要的一課。我和當時的妻子克莉絲蒂娜想要懷第二個孩子，試了五年。2012 年一月，克莉絲蒂娜懷孕了，我們欣喜若狂。

懷孕第六週某一天，到醫院例行產檢，聽到讓人深受打擊的消息——我們失去了孩子。

我攬著克莉絲蒂娜走回車子，她幾乎無法站立。眼淚滾下我的臉頰，我完全不知道如何面對這麼心碎的打擊，那可怕的時刻讓人不知所措，感覺好像我在生命中體驗過的快樂和愛一瞬間全部被吸走。

我送克莉絲蒂娜回家，自己回辦公室。那一天，新加坡的

幾位製片遠道來訪問我，要拍 Mindvalley 文化的紀錄片。

我到達片場便癱軟在地上。我告訴製片經理我無法完成拍片，她很善解地取消了。

我告訴她剛發生的事，但沒有告訴其他任何人，我不希望我的痛苦感染辦公室的同事，因此我隱藏起來……好幾週。到第十二天，同事葛麗絲走進我的辦公室，她是 Mindvalley 的經理，非常親切溫柔。

她問：「維申，你對我不高興嗎？」

「沒有，妳怎麼會這樣想？」

「過去整個星期你變得**很不一樣**。好像生氣又疏遠，我覺得你和我相處時不是以前的樣子，所以我在想我是不是做錯什麼。」

那一刻我才恍然大悟，我試圖隱藏痛苦不影響別人，反而無意間製造更多痛苦。葛麗絲以為她惹我生氣。

那一天我就改變作風了。現在每當我經歷生命中特別艱難的時期，一定會記得告訴我的團隊。可能是小孩生病了，或家中有人去世。但當我碰到突然的困境讓我六神無主，深陷悲傷，我會與人分享。

我鼓勵團隊中每個人也這樣做。如果是不能分享的事，規則是簡單地說：「我現在正經歷很糟糕的事，所以心情不太好。如果我看起來不太高興，請了解不是因為你。」

這段話可以去除人們的假設，促進更深層的連結。這樣表現脆弱的一面讓你的同事能夠以他的方式支持你。

當我分享這些心情時，總有人會給我一個擁抱。或者當我

開會回來，會看到桌上多了一張表達感謝的紙條。好朋友和好同事就是會這樣，他們也許不會感受到你的痛苦，但會讓你慢慢走出來，讓你知道他在背後支持你。

## 策略四：正向感染力

心情就和感冒一樣會感染，這個現象叫做情緒感染：一個人的感覺和行為表現會激發周遭的人產生相同的情緒，表現類似的行為。

可能就是因為這個原因，艾科爾才會在《哈佛最受歡迎的快樂工作學》中說：「研究發現，當領導者的心情是正向的，員工比較可能也有正向的心情，對彼此表現利社會（prosocial）的互助行為，能更有效率更不費力地合作完成任務。」

要在團體裡促進正向的情緒感染，最好的方法是你自己表現樂觀正向，為職場的氣氛定調。你還可以進一步發展出特別設計的儀式，讓團隊經常充滿好的氛圍，而且要經常舉行。建立儀式是營造歸屬感的絕佳方式。

**儀式一：文化日與慶祝儀式**。我們在 Mindvalley 的做法是每個月舉辦一次文化日。我們的團隊涵蓋 60 個國家，透過讓員工散播本國的習俗、食物和儀式，帶給他們歸屬感。

在我們公司的文化日，你可能會看到一群喧囂驕傲的中東人端著一盤盤鷹嘴豆醬在跳舞，或看到華人舞動彩色巨龍通過走道，慶祝中國新年。還有德國人穿著吊帶皮短褲，招待同事喝啤酒吃德國香腸。愉快的加拿大人則會分送手寫的謝卡（就

讓那些加拿大人表現他們超誇張的親和力吧）。

如果你也受到啓發，儘管複製我們的文化日傳統。但對每個團隊而言，這些儀式應該是獨一無二的。一定要想好你的價值觀是什麼，以及你要創造何種情緒感染。

**儀式二：每週一次全員捷報會議**（The Awesomeness Report）。還有一個簡單的儀式是任何公司都能舉辦的，就是全公司齊聚慶賀佳績。Mindvalley 每週舉辦一次全員會議，發表捷報。我們利用這個團體時間分享最新的資訊，慶祝打破紀錄，產生新構想，團隊成就，目標達陣等。我們會肯定團隊的才華、成就和成功，這又會激勵全公司創造更好的成績。

捷報的歷程如下：

⑴ 分享顧客的故事以及媒體關於 Mindvalley 的報導。

⑵ 檢視每一項季度目標（目標和關鍵結果），任何好成績都可以報告。

⑶ 分享創造了哪些新紀錄。

⑷ 對過去一週的成果有所貢獻的個人接受表揚。

⑸ 認識新進人員。

⑹ 分享人力資源部的最新資訊以及為員工提供什麼新的計畫。

⑺ 最後以某種訊息或見解做結，每一個關鍵領導者都可以自願表達 5 分鐘的見解。

這個簡單的儀式每週舉行，時間爲 60 到 90 分鐘，透過團體的正向感染將整個公司凝聚在一起。捷報之後，我們會提供

飲料點心，大家邊享受美食和音樂邊聯絡感情。

像捷報會議和文化日這類正向感染的活動很重要，所創造的正向漣漪能促使整個公司有更好的團體表現，讓員工能夠深入連結，有機會更了解和肯定隊友。

## 策略五：比賽誰更和善

如果有**一件事**可以讓你每天花不到 5 分鐘，就可以大幅提高未來兩年加薪的機會，你會做嗎？

下面就來介紹這件事。艾科爾接受我的訪問時，分享他的一個觀念——社會連結分數：

社會連結代表社會關係的寬度、深度和意義，這其實是最能預測你的長遠幸福的因素。科學家的衡量方式通常是問你：「別人是否提供你很多社會支持？如果你在工作上陷入困境，有人會協助你嗎？」

我把問題顛倒過來，問：是**誰**在提供社會支持。**誰**是付出者？

我們發現，**如果**……

● 你是那種別人遇到困境時會想要找你談的人；
● 你很有同情心；
● 你會主動與人社交；
● 你是正向樂觀的人（前面的研究顯示這會讓你更有吸引力）。

如果你具備上述特質，那麼你的社會連結分數（Social Connection Score）就比較高。事實是，如果你的社會連結分數屬於最高的 1/4（亦即在公司裡排名前 25%），未來兩年內升遷的機會會高出 40%。

請想一想。我們有時候以爲會加薪的都是最優秀或競爭力最強的人，但艾柯爾的研究顯示，真正影響較大的似乎是社會連結。

他接著對我強調：「快樂也許是選擇，但這是需要努力的——不論是對個人或企業經營者而言。我們在道德和經營上都有責任確保團隊成員處於正向狀態。」

在職場上感覺與人有連結、被重視、被愛還會讓人心情愉快。心情好，工作效率就會提高，生活品質也會改善。此所以鼓勵人們表現和善非常重要。

但我們要如何在整個公司培養社會連結呢？在Mindvalley，我們會舉辦一種稱爲相愛週的大型文化黑客活動（culture hack）。結果證明大受歡迎，現在全球已有五千多家公司實施。

每年的相愛週是在情人節那週舉辦，但實際上與愛情毫無關係。連續五天同事間要彼此散播愛與感謝。

## 運作方式

每個人要成爲某個「人類」的「祕密天使」。祕密天使在那一週的責任是以富創意、神祕、不爲人知的方式對他的人類

表達情感。表現方式不必很誇張，可以很簡單，例如早上在他的桌上放一杯他最喜歡的咖啡，或送一束花或手寫紙條。但在 Mindvalley，也有人請吃法式大餐，送按摩券、請人唱歌給對方聽。

相愛週結束時，祕密天使要揭露自己的身分。每次看到人們的驚喜、真情流露和真誠的感恩，都讓人覺得很感動。要在任何團隊展開和善競賽，不妨依循本章最後的相愛週練習指南。

現在已有五千多家公司參與相愛週活動，看到 IG 上的分享和故事會讓你不禁讚嘆。我設計了一套正式的相愛週實踐指南，讀者可以在本書的資源網站 www.mindvalley.com/badass 看到。

如果你還沒有被說服，或以為一點點連結練習不會有持久的效果，請聽我告訴你最後一則故事。這是在 2019 年最後一次團隊靜修營裡我個人覺得最大的亮點，完全出乎意料。

## ◑ 公共廁所裡的愛

清晨兩點我在搖滾傳奇（Rock Legend）派對之夜的男廁打斷同事的對話，這時我就知道我們最近一次的團隊靜修營很成功。

我走進去時，看到一群男同事圍著一個同事安慰他。他們聽到開門聲，全部轉頭看是誰。

「嗨，各位！」我若無其事地說，但感覺有些尷尬，很清

楚我撞見某些事情了。

被圍在中間的人（姑且稱之爲丹）抬頭看見是我，解釋發生了什麼事。「我受夠了老是被女人拒絕，懷疑是我有什麼問題嗎？我要怎麼做才能有女人緣？」

所有的人都圍在丹的身邊，合力幫助他，提供各種點子，幫他打氣。

其中一人說：「下週一起喝咖啡，我來幫你。」另一個隊友說：「我看過一本談約會的書，你一定得看看。」

第三個也加進來：「我很樂意帶你去健身房，如果你在這方面需要支持的話。」

看到這些男生這樣相互幫助眞是太棒了，丹得到了安慰。他只是想要弄清楚碰到怎樣的阻礙，希望從同事——其實應該說是朋友——那裡得到支持。

丹可以很自在地在公廁裡，當著同僚和公司創辦人面前勇敢分享他的困難，因爲他知道不會被批判。那一刻我心想：**哇，太棒了，人與人的連結就應該是這樣子。**

當你將人際連結帶進你的公司，就是給別人和你自己世上最寶貴的禮物——而且是與快樂最息息相關的禮物，也就是歸屬感。

下一章要邁向馬斯洛金字塔的更高一層，從連結攀向自尊。你會發現，你確實可以好好營造你的工作環境，讓員工感覺自己非常受重視。我還會分享艾科爾告訴我的一個簡單練習：只需要每天做兩分鐘的練習，竟然就讓某家公司的營收在十八個月內從 6.5 億美元大增到 9.5 億。

# ❶ 本章摘要

## 現實認知模式

　　愛與歸屬是人類與生俱來的基本需求。每個人都會想要感覺與人（包括同事）有連結。多數人的一生有 1/3 的時間在工作，這意味著公司等同新的部落。

　　社會連結大大影響一個人在職場內外的生活品質。當一個人對歸屬感的需求得到滿足，生產力、智力、創造力和健康都會大幅改善。這是因為社會連結是影響個人快樂最重要的因素（0.7 的相關性）。要在任何團體培養社會連結，可以運用五種策略：

⑴ **在職場上交朋友**。在辦公室有好友的人，工作投入的程度比沒有好友的人高出**七倍**。要在任何團體深化連結，你可以舉辦社交活動和儀式，任何人都可以做到。

⑵ **營造安全和支持的環境**。人們必須感覺和同儕相處很安全，才會產生歸屬感。任何人都可以做得到，例如在網路或實體世界創造個人分享空間。

⑶ **一個人能展現擋不住的氣勢，是因為他有一項最重要的特質**：不怕表現脆弱的一面。任何人若能以身作則表現自己脆弱的一面，就能夠創造出讓別人也能坦誠相向的環境。

⑷ **正向感染**。當某個人的心情傳播給同環境中的另一個人，那就叫情緒感染。任何人都可以促進正向的情緒感染。你可以利用儀式

為團隊注入正向情緒，創造凝聚的社群。

⑸ **和善競賽**。舉辦相愛週活動。如果你要加入活動，可依循下列步驟。讀者若想要知道更多資訊，請參考本書的參考資源網站 www.mindvalley.com/badass。

　　下一章你會學到如何成為泰然自若的人，如何將這個特質散播給與你接觸的每個人。只要好好鍛鍊這項特質，就沒有任何困難可以打倒你。當你學會啟發別人泰然自若的特質，那個人也會變得無堅不摧。

# 生活系統

## 相愛週・讓職場充滿愛的做法

　　歡迎加入 Mindvalley 的年度相愛週傳統。我們每年都分享這個為期一週的活動，你可以使用官方的主題標籤 # SpreadLoveWeek 和我們連結，追蹤與分享 Mindvalley 的臉書、IG、推特（@mind valley）。

　　**第一步**：**為相愛週活動做準備**。相愛週開始之前，每個人要將自己的名字放入一頂帽子裡，然後每個人隨機抽出一個名字，不論性別或位階，每個人抽出的名字就是他的「人類」，他自己則是「祕密天使」。

　　「祕密天使」的責任是在一整週裡，透過富創意、神祕、不為人知的方式對他的「人類」表現愛和感謝。

**第二步：了解你的「人類」**。沒有人需要花大筆金錢對他的「人類」表現愛和感謝，想法和用心才是最重要的。如果天使原本就認識他的「人類」，自然很清楚對方喜歡、熱中、偏好什麼。如果原本不認識，這是進一步了解對方的好機會。

　　**第三步：發揮創意**！我們很鼓勵團隊成員和其他祕密天使合作，就禮物的挑選和送法腦力激盪。這裡提供一些點子：將朋友寫給他的感性卡片整理出來，設計 Spotify 播放清單，傳送鼓舞人心的名人名言，成立專屬於他的 Tumblr 暫時性帳戶，創造量身訂製的（匿名）Pinterest 圖版，列出他的目標和興趣。你可以想出無窮盡的點子。

　　歡迎上網 www.mindvalley.com/badass 參考相愛週實施指南，還有幕後花絮可以觀看。

# 第四章

# 成為泰然自若的人

在一個不斷想要把你變成別人的世界，

做自己就是最大的成就。

——愛默森（Ralph Waldo Emerson）

・
・
・
・
・

　　在這個有太多選項的世界，我們常會跟隨別人的意見，而不是依循自己內在的指引。你一定要學會好好愛自己，信任你內在的渴望，然後你才能引導這些夢想、願景和慾望去實現精彩的人生。做為領導者，你也可以促成別人做到這一點。然後，你們所創造的共同願景就能輕鬆完美地實現。

我記得 10 幾歲時，祖父載我上學途中，語重心長地勸告我：「你要學習比爾‧蓋茲。他是世界上最富有的人，你要和他一樣，你要學電腦。」

我祖父是印度人。那一年蓋茲的印度之旅很轟動，我祖父看到新聞報導，對蓋茲很著迷。

我牢牢記住他的勸告。

「要和蓋茲一樣。」

「學電腦。」

我很尊敬祖父，因此便朝著他在我腦中灌輸的方向前進。

我很用功讀書，成績不錯。只要有電腦科系的主要大學我都申請，1995 年進入密西根大學電機工程與資訊科學系就讀，就此展開學生工程師的生活。我發現大學課業很不容易，讀得並不愉快，但還是勉力讀下去。

1998 年某一天，微軟來我們校園徵才，鼓勵這所名校的學生應徵進入該公司。我很高興獲選面試。

幾個月後我被選上，成了少數幸運兒，在 1998 年夏天到華盛頓瑞蒙德的微軟實習。除非你徹底搞砸，否則之後幾乎一定能成為全職員工，進入當時世界上最棒的公司之一。

於是，有一天我發現自己身在微軟公司的辦公室。那種感覺很神奇，我有自己的辦公室，公司提供時髦的公寓。上班時我桌上有三個螢幕，還獲邀到蓋茲的家烤肉。

我祖父一定很以我為傲。

但我的內在正因某種因素飽受煎熬。

坦白說，我討厭我的工作。我是軟體測試工程師，每天早

上起來都很害怕去上班。

　　某個週末我來到華盛頓湖岸。我們這一梯次的新進人員受邀去拜訪蓋茲本人，地點就是俯瞰這片湖的蓋茲家豪宅。在那裡讓我感到既敬畏又榮幸。

　　蓋茲本人就站在草坪中央，他非常親切迷人，我對他懷著極高的敬意。他站在那裡，招待我們這些工程師吃漢堡，大家圍繞著聽他的故事，和他握手。

　　我走向蓋茲打招呼。我下意識想著，祖父會不會在天上看著我。但接著我頓住了。

　　似乎有什麼地方不太對勁。

　　我討厭我的工作。

　　我不應該在這裡。

　　我為什麼要假裝？

　　我很欽佩蓋茲，但我知道我在騙他，也在欺騙自己。

　　不久之後我就辭職了。（好吧，我是被辭職。）我在微軟待了 11 週。

　　我搭計程車到西雅圖塔科馬國際機場要搭機離開，一部分的我感覺很失敗，但也有一部分感覺非常開心。我向自己保證，絕對不再依照別人的希望塑造自己的人生願景。

　　不為蓋茲。

　　不為祖父。

　　我花了將近 5 年的時間追求學位和未來的願景，而那些東西我根本從來沒有真地想要。當我實現了到微軟上班的夢想，幾個星期後我就覺悟我想要離開。

這讓我學到關於夢想的奇特道理，我們以為自己想要的東西往往並不是自己真地想要。

我們會搞混自己的夢想，追求別人灌輸到我們腦中的願景，卻壓抑真正從自己靈魂浮現的願景。我們這麼做……是為了感覺自己的重要性。

每個人都需要感覺自己的重要性，這是與生俱來的，需要感覺完整、自主自信、被重視、被愛。小時候我們對自己的認識就是：我的意見是**唯一**重要的意見。然後我們明白自己不是地球上唯一的生命，不可避免會體驗到某些關鍵事件，讓我們的自尊被動搖。

父母或老師可能會對你說：「你為什麼不能像你的姊姊或哥哥或同學？」或者我們可能會因為在課堂上舉手、答錯問題而被笑，或是因為某些方面和別人不一樣而被同儕嘲弄。

你在這種情況下會質疑自己不夠好，受傷的記憶牢牢嵌在腦海中。「我本身就足夠」的核心信念出現了破洞。

從那一刻開始，人生變成一心要證明自己在這世界具有重要性。我沒聽過有任何人沒有這方面的問題，只是處理方式不一。我也不例外。追求重要性相當於馬斯洛金字塔的第四層──他稱之為尊嚴。馬斯洛的理論說，當一個人滿足了生理、安全、愛與歸屬的需求，被認可被尊重便成了行為的主要動力。

我讀了自己不喜歡的科系，從事不喜歡的工作，因為我要感覺自己的重要性，提高我的自尊。我要感覺讓我的家人驕傲，但在這個過程中我粉碎了自己的夢想。

我們會為了彌補自己不夠好的感覺做出極端的事。有些人

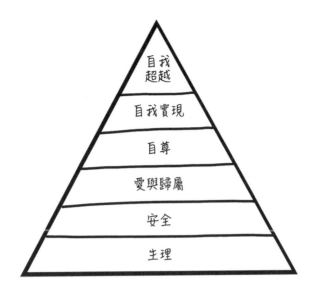

嘗試透過事業或存款數字來肯定自己，有些人利用跑車或豪宅來抑制那個恐懼，有些人做得要死要活，就為了追求虛幻的頭銜、加薪和名聲。有些人無法肯定自己，又因為沒辦法覺得自己夠完整而沉淪酒精毒品或陷入絕望。

但當一個人不再因為需要感覺自己很重要，當他相信自己已經夠好，便會開始展現非凡的力量。這就是泰然自若的特質（unfuckwithable）。

## ◐ 成為「泰然自若」的人

我不知道是誰發明**泰然自若**這個詞，但那是透過網路迷因流行起來的。還有圖片搭配以下文字：

泰然自若：當你的心情眞正平靜，明白自己是誰。任何人說什麼做什麼都不再讓你困擾，任何負面的東西都不會影響你。


　　泰然自若確實就等於狠角色，但我們多數人距離這個狀態還很遙遠。

　　你和某人去約會，隔天對方沒有回你訊息，你便不停想著自己哪裡有問題。上司對你的工作表現做出負面評價，你便無法克制地覺得自己能力很差，但其實你對那份工作毫無熱情。你看到同儕、手足、同事前進的速度比你快，便開始害怕被遠遠拋在後面。個別來看這些都是很小的打擊，卻會慢慢腐蝕你的信心。你會受這麼大的影響，就是因爲你容易被動搖。

　　如果你的目標是讓某個人愛你，你就容易被動搖，你的成敗掌握在別人手中。但如果你的目標是盡可能帶給周遭的人最多的能量、愛與熱情，你就會泰然自若。情勢是你可以掌控的，別人回饋給你的任何愛或接納都只是額外的收穫。

　　且讓我分析這個詞給你聽。容易被動搖的人不覺得自己是完整的，他將自我的價值放在別人手上，唯有獲得接納、欣賞或讚美才會覺得自己夠好。我們生下來都是容易被動搖的人，我們活在社會的生態系統，很難擺脫天生對他人認可的渴望。但如果我們能重新訓練這份渴望，將自己變成泰然自若的狠角色——這時才能眞正掌握自己的力量。

　　了解自己的價值與變成泰然自若不是一蹴可幾的，而是要經過一連串刻意的步驟，讓你從自我懷疑慢慢走向充滿自信。

自我懷疑的人會感覺自己有缺損，但若能培養泰然自若的特質，最後就會相信自己是**完整的**。當你知道你的本來樣貌就已足夠，絕對沒有任何困難能阻礙你。而且你可以將這份禮物送給別人（本章後文會探討這一點）。

任何人都能建立泰然自若的特質。本章會提供方法訓練你克服不安全感，鼓勵你周遭的每個人也這麼做。泰然自若的特質有擴散的效果，當你幫助別人發揮最好的一面，你也會提升自己的這個特質。要成為泰然自若的人，下面兩點是關鍵元素：

⑴ 感覺你已足夠。
⑵ 創造獨特精彩的人生。

## 規則一：首先要感覺你已足夠

泰然自若的第一個要素是明白你已足夠，而不是未來才會變得足夠——等你完成某項計畫或和某一種人戀愛。泰然自若的意思是你現在這個樣子就已足夠，不需要改變、升級或矯正。

當一個人明白他已足夠，原本讓他一天到晚心煩的苦惱會突然消失不見。

他的自尊不再附著在沒有回訊息的人或自己不感興趣的工作上。他會把精力投注到更大的理想上，會有毅力面對失敗仍堅持下去，有信心不自我設限地做夢，不會每次碰到問題就導致他的自尊嚴重受損。

朝向泰然自若邁進的最強大方法是愛自己和感謝自己。

**告訴自己我愛你**。這聽起來很可笑，但如果你每天這樣做，你會感受到重大的改變。當你有機會向重要的人表達愛時，絕不要錯過，但如果你要成爲泰然自若的人，你最應該關心的人是你自己。每天早上站在鏡子前刷牙梳髮或做什麼事時，告訴自己：「我愛你。」剛開始也許會覺得很可笑，但請繼續下去，直到你不再覺得可笑。

**練習感恩自己**。每天早上醒來後，你要感恩生活中所有的美好事物，而第一個要感謝的人就是你自己。謝謝你那麼努力工作，投入那麼多熱情在工作上，給家人那麼多愛與耐心。先感謝你的性格中最好的部分，因爲你投注心力在什麼特質上面，那個特質就會成長。泰然自若的人永遠在栽培自己最好的部分。

上述兩種練習很有用（我在上一本著作《活出意義》曾探討兩者的奧妙和原則），接著還要介紹另一種技巧。

我相信，提升別人泰然自若的特質，就是增強自身同樣特質的最好方式。欣賞別人會讓你更喜歡自己，你會更加認清自己的優點。這與投射的概念有關──意思是我們較容易在別人身上看到自己已具備的特質。當你欣賞別人的創意，那是因爲你的內在也有創造的火花。這個練習是艾科爾介紹給我的，眞正能徹底改變一個人，名稱是：兩分鐘感恩技巧（Two-Minute Appreciation Technique）。

說來奇妙，如果你要開始感覺自己已經足夠，最重要的方法是每天花幾分鐘幫助別人感覺他自己就已足夠。

艾科爾不只寫了一本暢銷書《哈佛最受歡迎的快樂工作學》，在 TEDx Talk（地區版 TED）關於快樂的談話，名列 TED 25 場最受歡迎的談話之一，在網路吸引超過 2000 萬次觀看。讀者在上一章已了解艾科爾關於社會連結的研究，這裡要介紹一項簡單但無比強大的工具，那是 2014 年我訪問他時他教我的。

艾科爾的團隊進行一項職場實驗，讓一家全國知名保險公司的營收一年成長了 3 億美元。這是因為他們實施兩分鐘的每日練習，方法和刷牙差不多簡單。

艾科爾解釋：「我們請美國的臉書和全國保險（Nationwide Insurance）的員工做這個練習。他們每天早上上班必須完成的第一項工作，是花兩分鐘寫一封電郵稱讚或感謝認識的某個人，如此連續 21 天。」

「內容可以是簡單的『謝謝你昨天在工作上幫忙』，或比較有意義的如『你讓我每天有努力的動力，你是我在公司最好的朋友』或『昨天工作太多，好感謝你罩我。』

「他們所做的就是稱讚別人，三天後他們就上了癮。人們開始回電郵，表達感謝。」

這顯示出，透過寫電郵這麼小的事表達感謝能引發迴響。艾科爾繼續說：

「當一個人連續做 21 天，結果顯示他的社會連結分數升到**最高**的 1/4。每天兩分鐘的簡單習慣就能讓人達到最佳狀態，不只更快樂，我們所知道的所有績效標準都會提高——不僅更有機會升遷，生產力和銷售力也更高。」（別忘了，如果

你的社會連結分數在公司名列最高的 1/4，你在兩年內加薪或升遷的機率會提高 40%！）

艾科爾又說：「我們在全國保險做這項實驗時，合作的總裁是貝克（Gary Baker），他自稱是講求數據的人，認為研究快樂很沒有意義。我們把數字給他看之後，他才改變態度，讓我們在他的團隊裡實施上述做法。接下來一年半，他們的營收增加了 50%，申辦率（application rates）提高 237%。在沒增加人力的情況下，短短一年營收就從 6.5 億美元增加到 9.5 億，非常驚人。」

他們在其他組織進行相似的實驗，其中一所學校發生很可愛的故事，得出奇特的實驗結果。他們請巴士司機手寫感謝信給搭巴士的小孩，結果小孩的標準考試成績提高了大約 22%。該校原本是美國最差的 10%，後來躍升為全美最值得在那裡上班的 150 所學校之一。

任何人都可以引入這類簡單的每日儀式。你可以創造你自己的做法，讓身邊的人知道他們很重要，或將兩分鐘感恩技巧複製到你的團隊或企業裡。當你努力讓別人感受到他的重要性，結果可能會讓你嚇一大跳。

如果培養泰然自若特質的第一步是提升別人，接下來還要更進一步——將你的生活變得很精彩，感染周遭的人也做同樣的事。2012 年我創造了「三大問」（Three Most Important Questions）練習後，估計全球已有 100 萬人練習過。這部分將在規則二詳細討論。

## 規則二：創造獨特精彩的人生

泰然自若的第二項元素是抱持你自己的夢想和目標，而不是模仿周遭的世界。每個人都有自己獨特的人生願景，但你必須先了解你來到這世界的目的，找到你自己獨一無二的目標和願景，而不是外在世界告訴你該做什麼、成為怎樣的人或擁有什麼。接下來你將很快學會找出自己獨特願景的技巧。

但首先你要明白多數人都習於從眾，即使不同意傳統習俗，通常還是會和大家做同樣的事。那是因為多數人天生渴望融入別人，讓人喜歡。因此當團體的規則與一個人**真正想要的東西**相衝突，便會浮現存在的危機感。直覺告訴他應該走某一條路（他自己相信這樣才是對的），大多數人卻是選擇另一條路，在兩股力量的拉扯下不免無所適從。

多數人之所以會追求無法讓自己滿足的生活方式，這是原因之一。這些人並沒有引領自己的生活走向，只是在模仿老師、牧師、父母、大眾媒體灌輸的方式。

這是《托爾特克愛的智慧之書》（*The Mastery of Love*）的作者魯伊茲（Don Miguel Ruiz）灌輸給我的觀念。這位了不起的靈性作家主張培養「托爾特克的智慧」（Toltec Wisdom），我請教他根本精神是什麼。他說：「托爾特克意指『藝術家』，意思是有足夠的智慧創造自己的人生。」

太多人營造的生活不像獨創的藝術，比較像複製周遭的世界，也就是模仿。他們給自己的目標源自外在的世界，而不是自己獨一無二的靈魂。他們忘了目的本身與達成目的的手段之間存在很重要的差異。

# ◑ 手段式目標 vs 終極目標

　　如果讀者讀過我的第一本書《活出意義》，應該記得我解釋過手段式目標與終極目標的差異。如果你了解「這是達成目的的手段」這句話的意思，就知道兩者的不同。人們常會投注數年──甚至一輩子──的辛苦和金錢，追求他們以為的終極目標，其實那只是達成目的的手段。這是很嚴重的錯誤，如同我在《活出意義》裡所寫的：

　　終極目標是在地球上身為人類既美好又豐厚的報酬。終極目標是體驗愛，真心快樂地四處旅遊，為地球盡一分心力（因為這麼做讓你覺得有意義），為了純粹的樂趣學習新技能。

　　終極目標反映你的真實心聲，本身就能帶給你快樂，而不是因為能給你任何外在的標籤、標準或社會附加的價值。追求終極目標也不是為了薪水或物質獎賞，而是因為追求的過程能創造最美好的回憶。

　　手段式目標是社會告訴我們必須擁有之後才能快樂的東西。我寫下的每樣目標其實都是達成目的的手段，不是目的本身，好比：

- 以優異成績從高中畢業。
- 取得優異大學的入學資格。
- 找到暑期實習的機會。

　　我會追求電腦工程的學位以及微軟的工作，都是在追求手

段式目標。那是達成目的的手段，不是目的本身。

那麼你要如何找到自己眞正的目標呢？亦即源自靈魂的終極目標？我在 2012 年設計一款很實用的練習，三大問（Three Most Important Questions〔3MIQs〕），受到全球數百萬人的肯定。當你思考這三大問題的答案，就是開始深入了解你自己，找出你之所以是**你**的眞正特質。

# ◐ 三大問

手段式目標雖然很有用，達成這些目標卻不是人生的重點。人生的價值終究不在考試成績、工作頭銜或開跑車。但我們多數人不去釐清終極目標，卻執著於手段。

這就是三大問發揮作用的時候，只要按照正確的順序回答三個問題，這個練習就能幫助你直接跳到眞正對你的人生有意義的終極目標。我發現所有的終極目標都可歸納爲三種類型。

**第一種是經驗。**不論你相信人類的起源是什麼，有一點很清楚。我們來到這世上是爲了體驗這世界的一切——不是爲了得到物質、金錢，而是爲了獲得經驗，金錢和物質不過就是爲了產生經驗。經驗還會讓我們得到立即的幸福——而不是因爲跳過社會所定義的障礙（好比考試成績）所產生的人造幸福感。我們需要感覺日常生活蘊藏著美好、愛和精彩，才能持續快樂下去。而你已經知道，快樂是超強的力量。

**第二種是成長。**成長讓我們更有智慧，擁有更敏銳的覺察力。所謂成長可以是我們選擇的成長或我們被選擇的那種成

長。成長讓人生變成無止盡的發現之旅。

**第三種是貢獻**。亦即我們因為自己的成長和累積豐富的經驗後回饋給別人，這樣的付出就是我們在這世界留下的特殊印記。付出讓生命更有意義，因而能產生真實的滿足感，這是營造精彩人生的關鍵元素。

這三項基本要素可透過提問的方式來思考，請注意每個問題都與前一個問題密切相關。

1. 我希望這一生擁有怎樣的經驗？

2. 我需要如何成長，才能擁有這些精彩的經驗？

3. 如果我的人生擁有這些精彩的經驗，也有相應的成長，現在我要如何回饋給這個給我如此豐厚獎賞的世界？

回答這幾個問題能幫助你找到獨一無二的人生願景，以及你希望在人生終點時達到的成果。

請拿出一張紙，劃出下面三個欄位，分別寫下「經驗」、「成長」、「貢獻」，每一欄要列出你在這些領域為自己設想的願景：

| 經驗 | 成長 | 貢獻 |
|---|---|---|
| ● | ● | ● |
| ● | ● | ● |
| ● | ● | ● |

每個問題請花 5 分鐘回答，結果可能會讓你大爲驚訝。整個練習大約只花 15 分鐘。讀者可上網觀看我如何引導這個練習，請上 Google 搜尋「Three Most Important Questions Vishen」（維申三大問）。

現在請想像職場上每個人都能看到彼此的三大問，這就是神奇的力量開始展現的時候。

## ◑ 實現夢想的工作

Mindvalley 的所有員工進公司時都被要求設計自己的三大問，然後貼在布告欄上，回答的影本也會拍照後與他們的主管分享。爲了方便，我的手機和 Dropbox 都保有每個員工三大問的照片。

要讓團隊成員對彼此有更深入的了解，這是非常好的方法，也可以促進同仁支持彼此達成目標，讓領導者了解如何能支持同仁成爲最好的自己。

三大問促成奇蹟發生──盧米妮塔・塞維優（Luminita Saviuc）就是一個最好的例子。她來自羅馬尼亞，進入 Mindvalley 時擔任客服專員。她寫下三大問的答案，說她想要成爲出版作家以及國際演說家。

她在 Mindvalley 時，在個人部落格寫了一篇文章，〈放棄 15 件事讓你更快樂〉。半年後，文章在網路竄紅：120 萬人在臉書分享。這時候有人打電話問她是否要將文章變成一本書。她在公司待了兩年後離開──因爲出版社 Penguin Random

House 開支票和她簽訂書約。

她離開公司我很難過，同時卻也爲她感到很驕傲。她很喜歡 Mindvalley，也很珍惜和我們一起合作的經驗。她請我幫她的書寫序，我當然答應了。

這本書讓她有一個平台可以到世界各地的會議演說，幫助她達成目標：成爲眞正的「國際演說家」。

有些領導者想到讓員工追求夢想和成長就害怕，擔憂員工跑掉，但我鼓勵讀者把眼光放大。盧米妮塔是我們的盟友，她成爲演說家後，我們仍以彼此都覺得更加精彩的新方式繼續合作。不要畏懼讓你的團隊成長，不是只有他們會擴展，你也會。坎培爾（Jason Campbell）是另一個例子。他是 Mindvalley 的 podcast「職場超人」（Superhumans at Work）的主持人。2012 年他加入 Mindvalley 時，在三大問寫道，他要成爲受歡迎的演講者。這個願望後來在一場活動中實現了。

當時我們的一個固定的演講者因故取消，我急得焦頭爛額，和團隊在幕後絞盡腦汁想著怎麼辦，這時候坎培爾站出來，拜託我讓他上台，我完全不知道他行不行，他從來沒有演說過。但他寫了一篇演講稿，想要和世人分享。我很緊張，但對坎培爾說：「好，你上場吧！去試試看，讓我們爲你驕傲。」

坎培爾在那場 A-Fest 得到最佳演說獎。現在他在我們專門探討優化工作的 podcast 中擔任主持人，表現很出色，還到世界各地演講。（讀者可在 Spotify 或 iTunes 搜尋 Superhumans at Work）

三大問也有助於人們建立更親近的關係，或一起追尋共同

的目標。當每個人的三大問公布在牆上，讓大家都可以看見，人們就能合作實現目標。有一年，四個同仁得知他們都想去爬喜馬拉雅山，便結隊一起去實現。

提供機會讓人去探索和擴展是很美好的事，工作不應該限制住個人的生活。看到周遭的人成長是很棒的事，因為他們也會讓你的眼界更開闊。隸屬一個團體就是能發揮這麼神奇的加乘效果。

所以你要照顧員工，讓他們知道自己很重要，即使只是在很小的地方發揮重要性。如此一來，員工會覺得大家一起做的事也很重要。

# ◐ 工作的未來

《夠「駭」才能成為職場 A 咖》（*Hacking Work: Breaking Stupid Rules for Smart Results*）的作者詹森（Bill Jensen）曾造訪 Mindvalley 總部。

我問他：「你認為未來最重要的工作趨勢是什麼？」

他說：「工作將不再只是要求員工投入公司的願景，公司也必須投入員工的願景。」

詹森是預言家。我真地相信，有權力探索興趣的員工自然會表現得更好。這樣的員工不會埋怨公司阻擋他的發展。一家公司若能讓員工覺得他很重要，他的產出就會提高。雇主這麼佛心會有一個附帶效益——強化忠誠度。

詹森還說，他見過一些公司參與實現員工的願景，三大問

是其中最佳典範之一。

現在我和新進員工共餐時，都已經知道他們的三大問，因而立刻就能約略了解每個人，而不只是只看到他的表面。同樣的道理，當團隊成員都可以看到彼此的三大問，自然會成為更強的團隊，能支持彼此成為獨特的狠角色。

如果你經營的是大公司，掌握大筆預算，你還可以更進一步，實施「夢想管理者計畫」（Dream Manager）。下面分享一則讓我很感動的故事。

# ◑ 夢想管理者計畫

我在企業家的活動中遇見朋友拉特利夫（John Ratliff），他創辦的「蘋果樹解答（Appletree Answers）」專營電話客服業務。拉特利夫在領導力方面有獨到的見解，他說：「任何擔任公司最高管理者的人，每天早上醒來都應該對所有的員工深懷感恩。員工願意加入公司等於是告訴你：『嘿，我相信你的願景，你的座右銘，你的風格、策略和發展方向。』然後他們還以實際行動支持你。這份心意你必須放在心上。」

拉特利夫的團隊決心為他們的客服中心業務樹立新的標準。這個部門每年的異動率是 150%。這很恐怖，等於每年流失全部員工，而這是整個產業的平均數。因此有一天他在每季會議中與主管開會，討論員工投入度（employee engagement），結果找出一個問題：該公司沒有落實一個核心價值，也就是「互相照顧」。

為了解決這個問題，管理團隊中有人提出一個新計畫，仿效喜願協會（Make-A-Wish charity）的模式。喜願協會是在美國創立的非營利組織，當重症兒童許下改變生命的願望時幫他實現。但上述構想不是要幫顧客圓夢，而是為內部的員工，他們稱之為夢想持續計畫（Dream On）。

首先，管理團隊寄給公司每個人一封誠摯的電郵，表示公司願意支持員工達成人生目標，請員工分享他的夢想，公司會滿足一些願望，沒有附帶條件。

結果好像引不起任何興趣。剛開始根本沒有人回信——該公司的員工和管理階層之間就是這麼缺乏信任。沒有人相信這是真心的，聽起來就像是公司又在耍什麼花招。但拉特利夫的團隊堅持下去。他們寄了第二封電郵，收到一封情急之下的回信。那時一位無比勇敢的團隊成員，遭遇了極艱難的困境，丈夫離開了她，她帶著兩個年幼子女住在車上。

管理團隊立即刷公司的信用卡訂了飯店房間，幫她協商一間新公寓的租約，讓她帶薪請假，專心處理私人事務和孩子，直到她覺得比較穩定。她非常驚訝，把這件事告訴別人，很快便一個傳一個。

還有更多類似的夢想——一個員工寫信說沒錢買尿布。這類要求都立刻獲准，雖則管理團隊總是回信請員工提出真正的夢想。基本生活需求不叫夢想，夢想是個人在強烈的熱情驅使下提出彷彿不可能實現的要求。

下面是一則關於夢想的奇特故事。

有一對姊妹花服務於該公司，某年十月，妹妹為姊夫丹提

出一個要求。丹 28 歲，罹患第四期的何杰金氏症（Hodgkins disease），存活率只有 10%。丹的夢想是再去看一場美國國家橄欖球聯盟的球賽。他來自費城，是老鷹隊的球迷。

費城老鷹隊得知這個夢想，送門票給丹。故事還不只如此，他們安排讓丹在比賽開始前，坐在啦啦隊旁邊，然後和球員的女友老婆們一起坐在貴賓室觀賽。比賽結束後，他們讓丹下去和走出更衣室的球員一一見面。球隊送他一個簽名球，他和最喜歡的球員有一段珍貴的相處時間。

這一切都很神奇，但故事還沒完。

有一天拉特利夫在辦公室，接到我們的共同朋友哈尼許（Verne Harnish）的電話，他是企業家組織（Entrepreneurs' Organization）和大學院校創業者協會（Association of Collegiate Entrepreneurs）另一位了不起的領導者與創辦人。哈尼許非常欣賞夢想持續計畫，問拉特利夫進行得怎麼樣，拉特利夫分享了丹的感人故事。

哈尼許說：「嗯，這可奇怪了。丹可不可能和他爸爸關係疏離？」

他接著解釋：「我在某知名診所擔任董事，我們會進行另類醫療的分析和研究。我剛讀過何杰金氏症的一篇研究，裡面說長子若是和父親的關係疏離，罹患何杰金氏症的比例高出許多。」

拉特利夫說：「太誇張了，那不可能是真的。」

於是哈尼許將研究報告寄給他看，拉特利夫也好奇起來。

他打電話給丹的妻子問：「丹和父親很疏離嗎？」

「你怎麼會知道？」

「我不知道啊。」

拉特利夫將那份報告寄給丹的小姨子看，原來丹眞地和父親不和。父子倆已七個月沒講話，兩人都因此飽受煎熬。

丹得知這份研究大爲震驚，他也正在思考要不要主動示好，讓父子倆都能放下。丹的時日無多，決定打電話給父親，兩人去接受治療。幾週後，父子修復了關係。

又過幾週，丹回去找原本幫他診斷的醫生。醫生告訴丹：「你聖誕節時就不在人世了，你得開始幫孩子做好準備。」

但丹的掃描結果已沒有腫瘤，醫生看不到何杰金氏症的任何徵狀。他驚訝又困惑，最後認定可能是誤診。然而幾個月前他確實檢驗出癌症，身體也確實日趨衰弱。

拉特利夫告訴我這個故事時說：「我們不認爲在這件事情上有任何功勞，沒有人知道病情的轉折是否牽涉到某種身心的關聯。」接著他又說：「這對身爲企業家的我而言，有點像是一則故事最後的重要啓示。領導者往往沒有意識到他有多大的影響力、衝擊力、權威和能力，可以改變部屬的生活——那些人可是每天到公司上班，幫助領導者實現他的夢想呢！」

現在北美各地有數百家公司實施夢想持續計畫。這項計畫最讓人感動的，是創造出不可思議的慷慨故事。員工常會利用自己的許願機會幫助同事圓夢，這便形成美好的連結。夢想持續計畫創造出各層級的領導者，因爲只要你提供機會，很多人會爲別人挺身而出。我們人類就是有這種想要爲別人付出貢獻的眞實本性。

不論你是經營企業或組織，擔任運動團隊的教練或在學校教書，或者你是團隊的一員，都要練習看到別人完整的面貌，與人互動時用心投入。每個人都有責任把別人當作完整的個體來對待，而不是只有單一的面向（那是二十世紀資本主義的心態）。

當你與人有了人性化的互動，他們也會在乎你，在乎公司。這些人離開團隊之後，永遠不會忘記團隊對他的生命造成什麼影響。最棒的是，他們最後也會變成夢想管理者，甚至可能出去建造自己的王國。然後你便能和一群在乎人性美好特質的人成為永遠的盟友。幫周遭的人圓夢會產生漣漪效應，但你必須提供機會讓他們去探索夢想。多數人完全不知道自己真正想要的是什麼，此所以高達85%的人都在做自己討厭的工作。這不能怪他們，他們受到社會觀念的影響，只能以那種方式營造人生。在多數社會，目標設定的方式都很值得商榷。

## ◉ 開始共創願景

共創願景是指公司（或個人）積極關心員工（或隊友）的願景。也就是說，同仁不只是致力實現公司的願景，也會支持彼此達成個人的目標。三大問與夢想經理計畫就是落實共創願景的最佳工具。

**公司不應該只要求員工投入公司的願景，公司也應該投入員工的人生願景。**

你的團隊也許規模較小，沒有預算可以實施夢想持續計畫。但你還是可以透過三大問積極關心員工的夢想。

接下來要分享的可能是這整本書裡**單一一項**最強大的工具，能夠讓你的文化以及你與團隊中任何人的關係徹底改觀，不論你是創辦人、執行長、團隊領導者或初階員工。

# ◑ 意外的禮物

我常會仔細看員工的三大問，找機會提供支持，然後買書送他們。

有一個人夢想有一天能搬到義大利，我買了一本「孤獨星球」的義大利旅遊指南送給她，附上紙條：「妳的夢想成眞時，這一本會很有用。」

另一人希望有天創立非營利事業，他叫尤瑟（Yusop）。尤瑟在三大問裡寫下一些目標，其中一項眞地讓我感動——就是創立非營利事業。我立刻想到我很喜歡這個主題的一本書，麥考斯基（Blake Mycoskie）所寫的《穿一雙鞋，改變世界》（*Start Something That Matters*）。

我去書店買這本書，寫一張紙條附在裡面：「我認爲這本書可能會幫助你實現改變世界的夢想。」

尤瑟驚訝不已，從來沒有一個老闆這樣對他。他後來成爲我們最優秀的設計師之一，他甚至會記得我的生日，買了一件很棒的襯衫送我（眞地很少人會這樣對老闆）。多年後的今天，他對我們的文化做出非常大的貢獻。你可以眞心地在乎別

人（我想你是在乎的），但事實是除非你表現出來，別人縱使感覺你在乎，還是會被內在一點點的懷疑蓋過。

你不能假定別人知道你在乎，光是在乎還不夠，你必須表現出來。

花點心力透過三大問了解別人，然後採取行動支持對方的夢想，你會看到神奇的事情發生，更能強化員工的忠誠。出奇不意贈送禮物可以讓別人知道你很重視他。

當你相信自己就已足夠，你和周遭的人都會有更上層樓的表現。當你感覺到自己的重要性，你會產生不一樣的動力——你的努力重心會變成追求成長。

# ◑ 本章摘要

## 現實認知模式

每個人天生都需要知道自己的重要性，需要感覺自己是完整的，有自主能力也有自信，感覺被重視與被愛。當你的這個需求得到滿足，你就能做到泰然自若，你會覺得心裡真正平靜，知道自己是誰，任何人說什麼做什麼都不會讓你困擾，任何負面的東西都不會影響你。要成為泰然自若的人，第一步是明白你本身就已足夠，你生下來就已足夠。如果你對自己還沒有這樣的信心，你可以先對別人有信心，然後你也會從別人那

裡得到同樣的訊息。要做一個泰然自若的狠角色，請這樣做：

⑴告訴自己「我愛你」

⑵練習感謝自己

⑶練習兩分鐘的感恩練習或將這個練習引進你的團隊

　　記住魯伊茲所說的，要成為自己的人生藝術家。首先你要設定目標，設定時抱著探索下列問題的心態：

⑴我要體驗什麼？

⑵我要怎樣成長？

⑶我要做出何種貢獻？

　　同樣的原則也適用於團體，透過這個方法幫助社群成員圓夢，可以發揮很大的效果。做法可以很簡單，好比贈書或寫電郵表達肯定，大概只要花兩分鐘。

# 生活系統

## 練習一‧兩分鐘感恩技巧

　　**第一步**：與你的團隊協議好，每天早上第一件事就是做感恩練習。下定決心連續做 21 天，看看結果如何。

　　**第二步**：每個人早上打開第一封電郵之前，先用手機設定倒數兩分鐘。在這兩分鐘裡，寫一封簡短的感恩電郵給團隊或

公司的另一個同仁。如果你使用 WhatsApp 或 Slack 來溝通也可以，使用聲音訊息同樣很寶貴。

**第三步**：盯著彼此做練習。一個好方法是確保每個人都加入 Slack 或 WhatsApp 群組，送出感謝訊息時就回報。重點是養成練習的習慣。

**第四步**：連續做 21 天，注意團隊或整個公司的士氣和情緒狀態有什麼不同，你可能會看到很明顯的效益。若是如此，你們可以決定要不要繼續下去。經過 21 天後通常就會變成習慣。

## 練習二·三大問

想想看如何才能知道你真正**活出生命的價值**。

開始練習前請注意一個重點：回答每個問題的時間不要超過 90 秒。重點是不要想太多，讓答案自然產生，如此你才會聽見立即浮現的答案，那是直接發自內心的。整整 90 秒一直寫，不要停。到某個時點，內在的批判聲音會關閉，你會寫出真正重要的東西。

答案無所謂對錯，重點是探索什麼能讓你的靈魂發光，讓你的人生成為美好的經驗。儘管勇敢做夢。

**你要體驗什麼**？想想你希望這一生擁有的任何體驗，包括愛情、人際、性等等。想想你希望和家人朋友共有什麼經驗，你希望你的社交生活是什麼樣子？

假設你有用不完的錢，你要開哪一種車？你要住怎樣的家？還有任何東西是你夢想這一生擁有的嗎？你想要到哪裡旅

行？想要探索哪類活動、嗜好或運動？

寫下你可能夢想去做或擁有、能讓你快樂和喜悅的所有事物。

**你要如何成長**？你想要如何栽培自己？好比你要追求怎樣的智能成長？你希望學會何種技能？學會什麼語言？

還有一點也很重要：你欣賞別人的什麼性格特質，哪些特質是你希望自己也能培養的？例如你希望自己如何面對生命中的壓力事件？

你在健康和健身方面的目標是什麼？你希望活多久？你希望老年時是什麼感覺，能夠做什麼？你的靈性生活有特定哪一方面是你想要更深入探索的嗎？

寫下你想要在這一生發展的任何事。

**你要做出何種貢獻**？最後，想想你想要對這世界做出的所有貢獻。

你可以對家人、朋友、社會、城市或甚至整個地球有什麼貢獻？

不論你的構想大小，寫下你想到的一切。

你希望留下什麼？你如何讓這世界變得更美好一些些？你希望爲地球和人類解決什麼問題？

你的答案可以是當志工或付出時間給特定的人，可以是你想要創造某種作品，任何你想得到對這世界和其他人有益的事都可以。

這些練習的完整指南和影片都可上網查看，

www.mindvalley.com/badass。

# 第五章

# 將成長設為終極目標

你要快速成長到一個月不見的朋友必須重新認識你。

——佚名

．．．．．．

　　你的靈魂來這世上不是爲了達到什麼成就，而是爲了成長，多數人都弄錯了，被成功誘引，被失敗摧折，明明是無意義的事物卻賦予極大的意義。事實上成敗只是幻覺，唯一重要的是你進化的速度。你的生命之旅是要去除所有阻止你自我實現的障礙。

2013 年，我的公司滿十年。你可能以為我們成長到這個階段，事業應該經營得相當順利。我當執行長當了十幾年，應該很知道自己在做什麼。事實上並非如此。2013 到 2015 年之間，我們遭遇了一連串厄運，幾乎讓公司毀於一旦，導致我對自己身為企業家和領導者的能力產生懷疑。

首先是突如其來的一記警鐘。我發現深得我信賴的會計挪用公款四年半（她進公司五年）。這人利用假帳戶，一個月一個月，一點一點偷走 25 萬美金。這麼嚴重的背叛讓我大受打擊。她是我最信賴的團隊成員之一，竟從頭到尾在偷我們的錢。我很多夜晚失眠，懷疑自己沒有能力雇用對的人，沒有能力領導或經營事業。情況還愈來愈糟。一個月後，聖誕節剛過，我的營運長打電話說：「維申，我們這個月的薪水付不出來。」

這表示我們的員工將會在一年最重要的時候拿不到薪水，這簡直是雪上加霜。這年十二月業績較差，一部分是因為我發現會計偷錢後情緒紛亂，整個人亂了套。為了填補缺口，我考慮賣車，這樣總強過欺騙那些多年來信任我的人。到最後我的管理團隊跳進來，集體決定不拿薪水，好讓其他同仁都有薪水可領。這是奇蹟，也讓我對人的高尚品格恢復了信心。所幸一月的業績很不錯，我們推出一項重要的產品，讓萎縮的銀行帳戶重新補血。

我們勉強從公司第一次重大的瀕死經驗恢復過來，卻又遭遇新的問題。首先是丟掉最大的客戶（在他們換了執行長之後），馬上少了 15% 的營收。接著是科技平台出現重大錯誤，我們賴以和顧客維持聯繫的電郵服務業者被某大企業收購。收

購過程中那項科技出了問題，導致我們無法與 40% 的顧客群維持聯繫，因此流失數百萬美元。感覺好像整個宇宙都和我們作對。

　　讀到這裡我要請你暫停一下，回想你的人生和職涯。你是否曾碰到類似的情況，無法掌控的混亂情勢導致你節節敗退？當我向一整間執行長或任何公司的員工提出這個問題時，幾乎每個人都會舉手。我們都有過痛苦和失敗的經驗，要知道你不是唯一一個。要做狠角色，你必須學習如何促成這個世界改變。通常你都會遭遇阻力，如果改變那麼簡單，大家早就去做了。失敗和痛苦是不可免的，但失敗雖然很平常，你卻未必要感到痛苦。本章要談一種心智模式（mental model）的轉變，幫助你和你的團隊裡的每個人經歷失敗時能效法佛陀的淡定，在每一次「失敗」後變得更堅毅更強大。

　　在我的人生裡，這種一再的挫敗導致我平常的自信逐漸被腐蝕。突然間我變成每天晚上都要灌兩杯紅酒才能紓壓，又因為太頑固而不願向外求助。我以為辛苦工作就能讓我走出泥淖，沒錯，辛苦工作，忙得昏天地暗，咬緊牙根。這些就是我的解決方案。但情況一個月比一個月更嚇人，我眼睜睜看著我們的資金消耗率和帳戶數字逐漸萎縮。然後，出乎意料地發生了一件好事。


## ◑ 工作的真諦

　　我碰巧和第一章提過的商界智者勞歐見面。勞歐常說我們

應該採取一種心智模式，相信我們活在善意的宇宙，相信世界會支持你，發生在你身上的所有事情都是為了你自己好。

但我無法認同，我問他：「如果真的是這樣，為什麼我覺得全世界都在和我作對，為什麼在工作上經歷這麼多失敗和痛苦？」

勞歐答：「維申，人們常有一個誤解，以為工作就只是工作，這是錯的觀念。」

接下來的睿智見解完全翻轉我的觀念：

商學院應該教導我們的最重要的觀念是，你的工作不只是你的工作，還包含更深的意義。工作其實不過是追求個人成長的理想場域。如果你的事業失敗了，沒關係。重點是你如何**成長**？如果你的事業為你賺進大把鈔票，不重要。重點是你如何**成長**？

聽到這段對話是我的關鍵時刻。我開始看到我可以採取何種新的行動，擺脫此刻承受的磨難。先前我當然沒有想到過，目前的狀況正是我這個執行長和企業主的成長契機。這個簡單的視角轉變立即讓我得到解脫。奇特的是，同樣的困境讓我失眠了幾個月，現在我卻能從感恩的角度思考。

多數社會看待成功和快樂的整個模式是有瑕疵的。多數人學到的是，你必須獲得下面三樣東西才能對人生感到滿足：

1. 某種角色或頭銜（帶給你聲望）

2. 銀行帳戶達到某個數字（帶給你財富）

3. 物質生活達到某種程度，如擁有汽車或白籬笆的房子

結果就叫：成功。

對嗎？不對。勞歐稱之爲「條件式的生活態度」。他說你不能再將你的快樂建築在你的頭銜、金錢、物質之上。不要再想著：「我需要有＿＿＿才能成功或快樂。」（你有多少次得到＿＿＿卻**仍然**不快樂？）勞歐版的重拾快樂方法很簡單，就是成長。

人生只有一個重點，就是成長。痛苦可以導向成長，成功可以導向成長，從這個角度看，你就不會再痛苦，成功也不再那麼醉人，唯一重要的是成長。

眞正的成功其實遠比我們多數人被灌輸的觀念簡單。你不必**達到**什麼或**成爲**什麼才算終於成功，祕訣是：**成長＝成功**

## ◑ 最快樂的富翁

我的朋友本田健是日本最多產的個人成長作家，出版 50 多本書，探討的主題是富翁的心態。本田健曾調查大約 1.2 萬日本富翁，發現一個人不論多有錢，總還要更多。他解釋給我聽：「我訪問過的一個人銀行裡有 100 萬，我問：『你覺得自己富有嗎？』他說不覺得，因爲他還沒有 1000 萬。但我也訪問過一個銀行裡有 1000 萬的人，他也不覺得自己富有，他說：『我還沒有私人噴射機。』之後我訪問一個有私人飛機的人，

問他是否覺得自己富有。他說不覺得，因爲他的私人噴射機只有 6 個座位！」

這些富翁眞地是把地平線當成目的地，但地平線是到不了的，你一靠近，它就遠離了。將目標訂在特定的財富標準就是這麼虛幻。

那麼什麼才會讓人覺得富有？我們發現其實是另一種目標。事實上根本也不是什麼目標，而是一種生存狀態。本章後面會再探討，但這裡要先了解一個重點：只要你在成長（依照你自己的標準），你就能得到滿足。

馬斯洛將成長放在金字塔的很頂端，稱之爲自我實現，他的解釋是：實現個人的才華和潛能，尤其是每個人都有的驅力或需要。

重點是：**成長本身就是目標**。當你了解自己想要如何成長，你就能承擔責任，促成自己的成長。你可以將每一次的工作機會轉變成讓自己變得更好的經驗。

## ◐ 透過學習成長 vs 蛻變

你在學校做的事叫做學習。好比你去上歷史課、地理課、幾何課等，學校會教你事實和觀念——多數你都會忘記。這就是**學習**。

但眞正的成長源自比學習更強大許多的東西，叫做**蛻變**（transformation）。

當你學習某個事實，可能隔天就忘了，蛻變卻是指你的整

個世界觀都不同了，觀點徹底翻轉。蛻變會促成你的層次連跳好幾級，讓你受到震撼，因而重新省思某些長期抱持的信念和價值觀。

歐蘇利文（Edmund O'Sullivan）是加拿大多倫多蛻變學習中心（Transfor mative Learning Centre）的專家。他以學術性的語彙這樣定義蛻變的時刻：「蛻變是指思想、感覺、行為的基本假設產生深刻的結構性改變，這是意識的改變，讓人的存在方式產生戲劇化、無可逆轉的變化。」

以上述日本富翁的例子來說，本田健告訴我，自覺富有和自覺不富有的富翁之間的差異，在於世界觀的改變。他們經歷了蛻變，使得金錢觀不一樣了。他們開始相信金錢就像空氣一樣，無所不在，在他們需要時就會流向他們。他們沒有抱著賺更多錢的目標，或買飛機的目標，只是相信他們需要時會適時得到一生需要的錢。當別人問他：「你覺得自己真的有錢嗎？」到了這種時候他才會答「是的」。這就是蛻變，這是世界觀的徹底改變。

要發生這件事需要嚴格的條件。通常你必須讓一個人接觸到革命性的觀念，長期抱持的信念明顯受到挑戰。如果這個新觀念提供他們無法反駁的強大證據，舊資訊就會被新資訊取代。值得注意的最大差異在於：

當一個人發生蛻變，他就無法再回到以前的他。

觀點的改變是無法逆轉的。簡而言之，當一個人的思想因蛻變而變得更寬闊更遠大，便無法回頭擁抱舊的信念。

下面舉一個現實世界的例子說明蛻變的發生，這件事是我

們多數人都能產生共鳴的。

還記得你第一次學會騎腳踏車嗎？你可能會先想像騎腳踏車的情形，傳統的學習過程大約是這樣的：

(1) 戴上頭盔。

(2) 坐上車子。

(3) 一腳踩在踏板上。

(4) 另一隻腳踩在另一邊踏板上，往前推進加速。

但直到你實際坐上腳踏車並取得平衡，你並沒有經歷從不會騎到會騎的蛻變。然後奇蹟般的，你一旦找到平衡，你就蛻變了。你無法回到不會平衡的時候，不可能，這就是蛻變的經驗。

# ◑ 兩件事導致蛻變

蛻變式成長很不容易——現實生活中有兩種情況會導致蛻變：

**1. 讓人迷惑的困境**（The Disorienting Dilemma）。意思是經歷某種痛苦的教訓或生活歷練而成長。例如你深愛的人殘忍地傷了你的心，讓你痛苦得不得了，但你也因此獲得成長，明白將來尋找伴侶時要注意何種特質。

**2. 演化出新的意義架構**（Evolution of a New Meaning Schema）。意思是你慢慢學習到新觀念，日積月累後，讓你終於從完全不同的角度看世界。這種情形通常是以較慢的速度

長時間形成。好比你當學徒跟著師傅慢慢學習，或閱讀傳奇人物的傳記，慢慢了解他們的獨特世界觀，這是歲月淬礪出來的智慧。

Agape 國際精神中心（Agape Spiritual Center）的貝克維斯牧師（Reverend Michael Beckwith）為這兩種蛻變經驗取了不同的名字，稱之為見性（kensho）和覺悟（satori）。

見性是經過痛苦得到的成長，覺悟的成長則是漸進緩慢的——可以緩慢到你甚至沒有注意到。覺悟可以是愉快的。兩者可以畫成如下的簡圖。你注意到曲線下降的地方了嗎？那是痛苦的見性時刻，突然的揚升則是覺悟時刻。

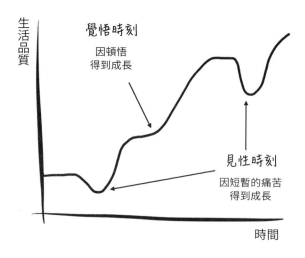

我們且更仔細探討見性和覺悟。

# ◑ 見性：讓人迷惑的困境

梅齊羅（Jack Mezirow）被譽爲蛻變學習理論（Transformational Learning Theory）之父，他發明了「讓人迷惑的困境」一詞，將之定義爲人生的危機或重大的轉折（他讓問題聽起來變得好有學術性）。

現實生活中讓人迷惑的困境可能是企業主的公司破產，學會下一次創業**不要做**哪些事。或是離婚，學會下一次談感情要改正那些錯誤。就像詩人魯米說的：「經不起磨難的人啊……你如何能成爲晶瑩的寶石。」

意思是人們常要經過辛苦或痛苦，才能體會新的道理。但也往往因此變得比以前更有韌性更有同情心，心胸更開闊。

伊斯梅爾（Salim Ismail）在《指數型組織》（*Exponential Organizations*）裡分享谷歌關於最優秀員工的有趣發現。他寫道：「谷歌最近發現，他們最優秀的員工不是長春藤名校畢業生，而是曾經歷重大失去而能將那個經驗轉化爲成長養分的年輕人。谷歌發現，個人的深刻失落經驗會讓員工變得更謙虛，更能抱持開放的心胸聆聽與學習。」這些人痛苦走過負面的經驗，所謂「讓人迷惑的困境」，將之解讀爲學習和個人成長的經驗，相信自己因此變得更堅強。


# ◑ 覺悟：演化出新的意義架構

這是隨著意義的基本架構慢慢演化而發生的蛻變，經過斷

續覺醒的經驗累積而成。一個人可以有多次小小的領悟，這可以發生在任何情境，好比和另一個人交談，或出去散步時，或讀書、聽音樂得到的領悟。這類經驗累積夠多後，有一天價值觀便突然有了重大的改變。

舉例來說，有個飲食不健康的人多次接收到應該改善飲食習慣的訊息，有一天看電視時被一則廣告嚇到，質疑起自己的習慣。之後他開始出現糖尿病的症狀。但促使他採取行動的最後一根稻草可能是他站上體重計，看到驚人的數字，使得他受到巨大的衝擊而步上更健康的道路。

蛻變的奧妙之處在於無人能避免，就好像森林中的樹木雖然沒有移動，還是會長大。熊依舊在上面摩擦，蜜蜂仍然在裡面築巢，松鼠也在那裡覓食——外在的因素逐漸改變那棵樹。同樣的道理，不論一個人是否積極追求個人成長，自然會出現各種情況與挑戰，迫使他必須面對。

但這裡有個問題，蛻變源自讓人迷惑的困境或意義架構的逐漸累積，那是無法預測的，而且極度緩慢，且通常讓人痛苦。

# ◑ 蛻變：無法預測、緩慢、讓人痛苦

但如果我們可以讓人刻意蛻變呢？可以讓人在痛苦的警鐘響起之前就成長呢？而且可以透過可預測、快速的方法做到？讓人可以非常快速地成長，幾乎每個月都像變一個人？我相信靈魂渴望蛻變，你的靈魂這輩子是要來成長的。但如果你沒有

刻意把握機會讓自己蛻變，你的靈魂就必須敲你的後腦把你打醒。痛苦的見性時刻就是這樣。真正懂得生命藝術的大師會刻意讓自己每天蛻變和進化，努力不斷拓展身心靈。這些大師追求的是覺悟或持續的覺醒。

你愈是能透過刻意的練習追求蛻變，愈不需要經歷痛苦的見性時刻，而職場就是最好的修鍊場。想像你將工作設計成蛻變的加速器，讓你能啓發自己與周遭每個人最好的一面，那會是如何？

# ◑ 蛻變型組織

多數人很年輕時的目標都是被行銷預算較多的公司灌輸到腦子裡的，或所屬文化裡較強勢的宗教，或父母的教導，或政府灌輸的觀念。不幸的是，學校在這方面也不是做得很好。但這正是工作可以發揮作用的地方。學校著重傳統學習，工作則是追求持續成長。

作家蓋曼（Neil Gaiman）在《睡魔》第九集《善良的人》（*The Sandman, Vol. 9: The Kindly Ones*）裡寫道：

我將學校沒有教的事一一列出：學校沒有教你如何愛人，沒有教你如何成名，沒有教你怎樣會變有錢或變窮，沒有教你如何離開你不再愛的人，沒有教你如何知道別人在想什麼，沒有教你該對瀕死的人說什麼，沒有教你懂得任何值得懂的事。

學校很會教人記憶事實——但現在你的智慧手機就可以輕易取代。

米特拉（Sugata Mitra）是英格蘭紐卡素大學（Newcastle Univer sity）教育、傳播與語言科學院的教育科技教授。他贏得 TED 教育獎時說：

人類不是智慧手機，我們擁有智慧手機。我們都能使用谷歌的資訊了，不需要腦袋裡裝滿無用的事實，我們需要的是腦袋裡裝滿對的智慧、信念、做法和知識，幫助我們面對做為人的種種混亂、迷惑和美好。

職場有絕佳的機會可以填補其他機構目前無法填補的空缺。如果你現在經營一家公司，我會說你有道德責任要這麼做。優異的領導者在乎團隊成員是否能不斷成長，因為能夠成長和蛻變的人才就是最好的夥伴，也會將所有代表公司成功發展的指標一併推升上去。

如果你不是事業經營者，別忘了你的個人成長要靠你自己。那是你的責任，也永遠在你的掌控中。你有責任把自己放在你能發揮到極致的情況，而工作恰恰能提供最好的施展機會，也有最好的機制可以提供自我成長的反饋和獎賞。如果你持續追求成長，你的工作表現就會進步，因為職場是個人蛻變的最佳實驗室。

記住勞歐很有智慧的那句話：

你的工作不只是你的工作，還包含更深的意義。工作其實不過是追求個人成長的理想場域。

任何職場都可以變成以成長為核心的環境。不論你是顯性或隱性的領導者，在本章剩餘的篇幅，我會教導你如何建造加速成長的個人環境，如何將成長的心態帶入任何團隊。第一步是了解「領導者」的真實定義。

## 策略一：將領導重新定義為追求成長

我以前很相信艾森豪的領導模式。他說：「領導就是讓別人因為自己想做而去做你希望完成的事。」

今天這已經過時了。領導者要做很多事，要設定願景，提升團隊的活力和情緒，要協調與擬定方向。但我認為領導者最重要的工作是不斷進化，並幫助其他領導者**成長**。

每個人都是領導者，高明的領導者會創造出更多高明的領導者。在 Mindvalley 我為了強調這一點，創造出下面的定義，確保所有的經理都了解。

領導就是體認我們是**一體的**。你領導的每個人都和你一樣優秀，一樣有才能，有同樣的能力可以追求成長和成就。你只是需要提醒他們記住這個事實。

我第一次提出上述關於領導力的信念是憑直覺想出來的，並沒有直接的證據。但幾年後谷歌進行經理的調查研究，發現

分數最高的經理所表現的最重要行為，就是能扮演有效能的教練。意思是他們會聆聽、引導、協助部屬成長。

但若要把這些事做到最好，你必須能成為最好的自己。這表示你要將自我實現奉為生活準繩，把你的人生當作一項作品——讓自己成為最棒的人類。畢竟，最高明的領導者是靠以身作則帶領別人的。所以，你要把重點放在自我進化的速度，支持別人也追求這樣的成長。

## 策略二：維持個人成長的生活方式

我要坦白一件事。但我要把它說成是我認識的某人有嗜吃瑪氏巧克力棒的問題。

算了，還是完全坦白好了，我就是那個嗜吃巧克力棒的人。如果你無法暴露自己的弱點，就不能勸別人這麼做，不是嗎？好，我要說囉！

我以前每天都要吃巧克力棒，就像一種儀式。

每天大約下午五點，我的團隊成員要下班回家了，我會回到座位，打開最底層抽屜，拿出一根瑪氏巧克力棒，幾口就吃下去。咬咬，吞下，沒了。

這個固定的巧克力棒點心時間是我的下午充電時間。我知道不健康，但上了癮，變得很倚賴。其實還吃得蠻開心的，非常享受。

然後有一天，我在鏡子前比平常多站了一會兒。鏡中是我沒錯，但身材有一種「老爸」的味道。我變成胖胖的，可以掐出一寸肉的那種矮胖子。

我看著鏡子，知道我的健康不及格。掉髮，體重增加。沒錯，我每天晚上還得喝兩杯紅酒才能睡覺。我下定決心要擁抱健康，在四十歲那年的二月參加一個叫做 WildFit 的計畫。這個課程的設計是要徹底改變你和食物的關係。

到了五月，我的體脂肪從 22% 降到 15%。我丟掉大部分衣服，因為都變太大了。我蛻變到連臉型都變了，人們問我是否去動手術，因為我看起來年輕好幾歲。但改變的不只是外型，我的精神好到爆表。我對糖的渴望幾乎消失，皮膚變得比較好。這麼好的結果讓我大為驚訝，我決定帶我的團隊也一起參加。那年八月，Mindvalley 超過百人參加 WildFit 的 90 天課程。到十二月，我們公司的文化已大不相同。汽水罐不見了，公司社交活動的酒精消耗量減少將近一半。同仁開始煮健康餐，做蔬果汁和彼此分享。一位工程師打破減重紀錄：減了 23 公斤。他相當胖，有生以來第一次終於可以在一般的鞋店買鞋。

大約在這些改變發生的同時，我們也開始注意到公司的健康指標改變了：獲利增加，留職率大增，員工的淨推薦值（NPS）創新紀錄。愈來愈多人加入 WildFit，健康狀況變得非常好。當團隊成員改變飲食習慣，可以看得出活力大增。

到 2017 年，我們有了嶄新的文化。那年我決定進行肌力訓練。我們聘請健身教練，成立實驗室，擬定快速增加肌力和肌肉的計畫，稱之為 10X 計畫，這次同樣有許多員工參與。現在他們不只是吃得很健康，還能像運動員一樣活力充沛。

到 2018 年我們準備再一次進化——開始真地變成運動

員。有數十名員工一起訓練，參加超高難度的斯巴達障礙跑競賽（Spartan Race）。有些人可能不太清楚，斯巴達障礙跑競賽包含艱難的體能障礙，像是攀繩、跑過泥坑、飛猴單槓。本書撰寫時，我們有四十多位員工一起組隊參賽。

到 2019 年，我們的辦公室已煥然一新。茶水間的聊天內容很不一般。要加入 Mindvalley 就代表要擁抱全方位的健康。今天，你如果加入 Mindvalley，第一年大概平均會減重 4.5-7 公斤。我們公司有單槓和壺鈴，還有室內健身房。現在我不會吃巧克力棒挺過昏沉的下午，而會去做十次引體向上。

我們不會強迫任何人採取任何飲食計畫或生活方式，但一個人只要是隸屬一個富有健康意識的環境，改變自然會發生。這是有感染力的。

至於我，44 歲的我正處於人生最佳狀態。

如果你要採取個人成長的生活方式，就要積極參加專門設計來讓你蛻變的計畫，然後將這些計畫引進你的團隊。當人們用心改變，無論生活或工作都會有更好的表現。這便帶引我們到下一個策略。

## 策略三：將蛻變當作第一要務

當一個人擁抱個人成長，自然會帶動別人一起努力，因為成長具有不可思議的加乘效果。一個生活方式很健康又富影響力的人會促使團隊成員跟進，此所以我的一個核心哲學是把個人成長當作人生第一要務。我很喜歡一個朋友最近的貼文：

**你的成長要快速到一個月不見的朋友必須重新認識你。**

在我聽來這很像是狠角色。

你應該把個人成長放在你的事業、你的人際關係甚至是教養方式前面。那就像飛機的氧氣罩，你必須先戴好自己的氧氣罩才能幫別人。看看世界上最頂尖的企業家，他們都將個人成長擺在第一位，因為他們知道只要自己成長，事業就會起飛。如果你觀察圓滿的關係會發現，兩個人通常都用心於追求自我進化。

我相信應該將個人成長擺在第一位，這樣更能幫助我的孩子、事業和人際關係。因此我努力每 30 天以某種方式自我進化。可能這個月學習新的靜坐方式，下個月學習速讀。

那其實比你以為的容易許多。你在 30 天裡很容易就會因為參加某場研討會或講座而改變了你的生命。或者你可以完成某項 Mindvalley 成長探索任務（Mindvalley Quest）或其他計畫，深入探索生命中的某個領域並得到極大的進步。

你也可以選擇聽完任何主題的完整 podcasts。也許你會說你沒有時間，但請再想一遍。一般人平均每天通勤時間超過 45 分鐘，30 天加起來就是 15 個小時。如果你花 15 小時透過 podcasts 探索一項主題，必然會改變你的生命。

你只需要採納勞歐的建議，把它變成生命中**最重要**的事，你所做的其他事情就會隨之發生前所未有的成長與擴展。

所以你要如何培養個人蛻變的規律鍛鍊？首先要知道事實沒有那麼複雜。如果你把重點放在經過科學驗證的正確方法，

花很少的時間就可以得到絕佳的成果。但你必須把它變成每天的習慣。

# ● 讓你徹底改變的規律性鍛鍊

　　下面介紹我的高度優化的早晨習慣。我要先指出一點，請不要誤以為這個習慣會剝奪我的寶貴時間。事實上我反而因此有了**更多**的時間，因為我的大腦、思想、身體都變得更理想了。事實上這個習慣讓我每週省下 15 小時，一個月加起來就是 60 小時，一年 720 小時。等於一年大約**多出** 30 天。

　　時間不夠不能當藉口。如同你將會看到的，這個習慣具有增強認知力與活力的效益，反而讓你能以更少的時間做更多工作。因此，當你讓你的身心靈變得更好，也就會讓每小時的工作產出提高。

　　接下來就來細看我的習慣。

## 1. 睡眠優化

　　我學會很仔細地追蹤睡眠，目的不是要少睡一些，而是要優化睡眠。雷斯（Tom Rath）在《你的生活，只能這樣嗎？》（*Eat Move Sleep*）指出，睡眠減少 90 分鐘會導致認知力下降30%。那等同喝了大約 500 毫升的啤酒再去上班！

　　關於睡眠的資料還有比這個更讓人吃驚的。因為作家葛拉威爾（Malcolm Gladwell）的宣揚而廣為大眾所知的一項研究顯示，任何領域要學到精通都需要一萬小時。但我們都沒有談

到一件事，主持該研究的瑞典心理學家艾瑞克森（K. Anders Erics son）還發現，那些各領域的佼佼者有一個奇特的地方：平均每晚睡 8 小時 36 分。美國人平均睡多少？ 6 小時 51 分。

睡眠是優異表現的必要條件。睡眠能改善你的思考力，讓你白天的心情和情緒比較好，改善你的專注力與產生構想的能力，幫助身體從前一天的疲勞與傷害復原。

那麼關鍵就在於優化睡眠。我實驗過各種方法，補充鎂、大麻二酚油（CBD oil）、5- 羥色氨酸（5 HTP）等等。我會使用智慧指環（Oura ring）之類的東西追蹤我的睡眠規律，驗證這些方法有沒有效。舉例來說，我在睡前會使用藍光阻隔眼鏡，或睡前靜坐，然後檢視我的數據，看看深睡和淺睡各占多少時間，並注意心率變異（heart rate variability）等等。如此我的睡眠讓我能夠更長時間深度恢復活力，躺在床上的總體時間卻減少了。這表示我一天睡 7-7.5 小時，但因為睡得比較深，效果等於睡了 8 小時。

附帶一提：我還發現我的紅酒習慣是鬼扯蛋。酒精會幫助入睡，但無法得到身體所需的真正發揮休息效果的睡眠程度。安眠藥也是，如果你睡不著，有很多很好的書籍和課程值得探索。我建議讀者看看美國頂尖睡眠專家布魯斯博士（Dr. Michael Breus）的作品。他也為 Mindvalley 提供一套睡眠優化計畫。我因為睡眠優化每天共省下 30 分鐘，等於一星期 3.5 小時。這還沒有計算提振心情、新陳代謝和認知力的效益。所以說，睡眠很重要。

節省時間：3.5 小時

## 2. 六段式靜坐

靜坐現在已是非常流行的績效提升做法，你會以為大概人人都在做。但還是很多人沒有做，理由是我們被騙了，以為靜坐只是為了讓心靈平靜。

我每天做的第一件事是六段式靜坐。這是我設計的，結合科學和靜坐，很適合忙碌的人和想要做更多事的企業家。現在幾百萬人都在做，你也可以效法（只要在 YouTube 搜尋「六段」（6 Phase）就可以輕易找到）。

世界上最頂尖的人都在採行六段式靜坐。饒舌歌手馬吉爾（Miguel）告訴《告示牌》雜誌，他在重要演唱會前都會做。入選美國國家橄欖球聯盟名人堂的岡薩雷斯（Tony Gonzalez）說，他藉由這個練習維持健康的生活。安德里斯庫（Bianca Andreescu）是美國網球公開賽冠軍，年僅 19 歲就打敗小威廉絲（Serena Williams），當時她告訴記者，她的修練法則裡有一個關鍵部分是看我的書《活出意義》，這本書將六段式靜坐介紹給世人知道。安德里斯庫也上過我為教導六段式靜坐開設的研討會（參見 mindvalley.com/be）。

我說這些是要讓讀者了解這個技巧多麼屬害。要知道這不是傳統的靜坐，比較適合那些想要融合性格中佛陀和惡棍特質的人，那些不只希望過得幸福，還要走出去，以自己的方式征服世界的人。

為什麼有這麼多頂尖人士採用這個方法？因為能夠明顯提升個人表現。運動明星非常清楚，小小的改變就能影響運動場

上的表現。此所以美國各大運動聯盟都有許多運動明星採用六段式靜坐。那麼六段式靜坐到底有什麼不同？

六段式靜坐將六種修練安排在 20 到 30 分鐘內，讓你能獲得絕佳的效益。介紹如下：

(1) **同情**：我相信每個人生命中都需要愛和同情。這個階段要幫助你更善待別人與自己，這是學習愛自己很強大的工具。

(2) **感恩**：你也許想要追求很多目標，但很重要的一點是珍惜與滿意目前為止的成就。感恩與幸福、快樂有很大的關聯。

(3) **寬恕**：要活出生命的高度，與這世界及周遭的人和平共處是最有效的方法之一。

(4) **未來有夢**：如同你將在第七章讀到的，有一個願景拉著你向前走，會帶給你非常大的動力——所謂願景是你希望未來的人生如何開展。

(5) **完美的一天**：這個修鍊讓你感覺能掌控每天的生活，可以將未來的夢想轉化為可執行的步驟。

(6) **祝福**：我們都需要感覺有人支持，放心知道不論我們要做什麼大事情，都會有好的發展。這個階段是要讓你有安全感，覺得有人支持你的目標。

當你依照引導進行各階段的靜坐，就會感受到神奇的力量。你可以到 Mindvalley 的 Omvana app 找到六段式靜坐的做法。只要到 App 商店搜尋 Omvana 就可以了。

如果你的靜坐方法是對的，可以節省數小時的時間。六段

式靜坐讓我能提高生產力，我估計每天因此多出 2-3 小時。我們且假設你才剛開始練，每天可提高一小時的生產力。依照這個算法，練 30 分鐘的靜坐不但不會占用你的時間，還會讓你有更多時間，每週可省下 3.5 小時，同時讓你整個星期都覺得更幸福、快樂、健康。

每週總共節省時間：3.5 小時

# 3. 優化運動習慣（超慢速肌力訓練）

靜坐之後我會運動。傳統的運動觀念是你必須每週上健身房 2-3 小時，但現在已經不是這樣。科學顯示，每天花幾分鐘做少量有效的運動，會對身體產生神奇的效果，相當於使用跑步機幾小時。

最值得深入了解的運動方式是超慢速肌力訓練。

**超慢速肌力訓練**：肌力與壽命長短息息相關。想像如果你能增強肌力 25%，表示你一天中會多出 25% 的精力可以做事。想想你能否連續四週，每週花不到一小時上健身房鍛鍊肌力，就達到這樣的效果？

聽起來似乎不可能，但超慢速肌力訓練就是保證可以。這是麥古夫博士（Dr. Doug McGuff）在《科學健身》（*Body by Science*）一書宣揚的觀念。我們在 Mindvalley 推行三年的實驗，大約以 100 人為試驗對象，發現經過一個月的超慢速肌力訓練，肌力的增強程度大約是：

40 歲以下未受過訓練的人可增強 20-40%

40 歲以上未受過訓練的人可增強 50-75%

我也讓我父親嘗試，那時他已 70 歲。他一週去健身房兩次，每次不超過 30 分鐘，短短四週肌力便提高 70%。這套健身法就是這麼快見效。我 41 歲開始做的時候真地很投入，30天內我的肌力增強 50%（依照我在健身房一次重複可以舉起的最大重量衡量），現在我已練上癮。

讀者若要了解更多資訊，可參考麥古夫的書，或嘗試 Mindvalley 開發的 10X 課程（你可以到谷歌搜尋「10X Mindvalley」）。這是依據我們在三年中以上百位員工與使用者為對象的實驗結果。

現在我一週上健身房兩次，一次 20 分鐘，這就是我全部的運動量。但結果是現在的我處於最佳狀態。我的體態從來沒有像現在這麼好，標準體適能測試比 25 歲時還好。不要相信那些宣稱你必須上健身房數小時才能維持健康的廣告詞。我估計我的運動習慣讓我每週不必在健身房浪費 2 小時。

每週總共節省時間：2 小時

## 4. 優化飲食、斷食和營養補充品

運動過後就得補充能量。我們都是早上吃早餐，這是歷經時間考驗的傳統，世世代代都是如此。但如果這個傳統無助維持最健康的身體呢？

現在我們知道改變吃早餐的方式可以優化我們的表現和身體機制。但要了解這一點，首先你必須了解吃早餐可以是一種

儀式或為了補充能量。

如果你吃早餐是一種儀式——為了享受培根蛋的香氣，一夜好眠後全家齊聚圍坐餐桌旁——那請繼續維持下去。週末時我也很喜歡這種感覺。

週一到週五不一樣。我是單親爸爸，得勿忙送孩子上學，然後我要吃早餐補充能量，不是儀式。因此我會優化早餐，對我而言，可能是蛋白質雪克，裡面富含有機超級食物，如羽衣甘藍粉、小麥草或螺旋藻。

一週裡會有一兩次我根本不吃早餐，實行間歇斷食。這是要讓身體暫歇，12-16 小時不必消化食物，藉此恢復身體機能。所以如果我上一餐是前一天晚上 8:30 吃，隔天不吃早餐，直接等到 12:30 吃午餐，就可讓身體斷食 16 小時。這是維持身體健康非常有效的方式。

*每週總共節省時間：1 小時*

## 5. 快速學習

早餐後我喜歡花 20 分鐘擁抱學習，改善自己。但我使用的學習法遠比只是閱讀書籍更有效得多。

根據快速學習先驅奎克（Jim Kwik）的說法，多數人被訓練的閱讀法都像六歲小孩。奎克說：「想想看，上一次你學讀書是你剛開始上學時，可能是六、七歲。」

那之後我們再也沒有費心學習以不同的方式閱讀。

奎克教我速讀。他分享的工具包括視覺引導（visual pacers）等觀念，以及如何壓抑我們像六歲小孩一樣想要在心

裡讀出每個字的習慣。我才跟著奎克學習幾個小時，閱讀速度便提高 50%。奎克的多數學生可以提高 300% 之多。我的狀況是一週閱讀 12 小時，這表示可以為我省下 4 小時。

速讀不只是很不錯的技能，在今日社會已經是必備技能。想想我們必須讀的所有東西，包括電郵、Slack 訊息、備忘、報告、社交媒體、新聞、書籍等，有人估計我們每天花 2-4 小時閱讀。想想如果你能加速一倍，會發生什麼事！

閱讀的技巧可以細分很多種，無法在本章教導，但我強烈建議讀者看看奎克的速讀課，名稱是超級閱讀（Super Reading），我有協助生產，讀者可搜尋谷歌「Jim Kwik Mind-valley」。

每週總共節省時間：4 小時

計算一下，一週總共節省 15 小時，等於一個月 60 小時，一年 72 小時，正好是 30 天。

有了這樣的優化時間表，你每年可以為自己的生命增添一個月。同時你會變得愈來愈好，更健康、強壯、體格更好。總而言之，你自己的感覺和別人眼中的你都變得更棒，而且你可以花更少的時間做到更多。

除了運用這些方法追求個人的成長或自我實現，接著要談如何將工作場所設計成最有利於蛻變的環境。

讀者若有興趣更深入探討，可參考我製作的影片，片中可看到我如何在早晨落實這些概念：mindvalley.com/badass。

# ◑ 如何營造蛻變的團隊環境

追求成長的一個條件是要有健康的環境。任何人都可以運用下面四種做法,在職場追求成長——包括你的團隊、公司或你的居家辦公室都可以適用。

## 1. 早晨自主

我為了寫這本書訪問平克(Daniel Pink),他談到動機時分享了一個很有意思的觀念(讀者可以到 Mindvalley Podcast 聽原始訪問)。他說人都需要自由,但這未必指工作上的自由,也可以是**脫離**工作的自由——在早晨。

我們必須在早上決定事情的優先順序。對我而言,早上是我靜坐、健康進食、運動和閱讀的時間。我相信應該要讓人們有權可以自行決定早上做什麼,而最簡單的方法是讓他們自己選擇上下班的時間。只要該開的會有參加,工作表現很好,何時上班很重要嗎?

在 Mindvalley,我們的第一場會議是早上 11:30,因為早上是個人的時間。沒有人需要匆忙趕來上班,他們喜歡的話,可以醒來後去運動,或是和家人互動,或晨間靜坐,也許邊喝咖啡邊讀某一本書的其中一章。美好的一天靠早晨的儀式定調。

如果他們需要更多睡眠,也可以藉此機會補眠。平克稱之為**早晨自主**(morning autonomy),他的研究顯示,這比傳統

要求 9 或 10 點上班的規定更能提高員工的投入和忠誠。

## 2. 尊重睡眠

很多公司會剝奪員工寶貴的睡眠時間。睡眠對於幸福與工作表現非常重要。早晨自主讓人可以睡晚一點，得到充足的休息。但你還可以做得更多，例如禁絕經常熬夜，因為那會毀了一個人。

睡眠不足會讓免疫力下降 500% 之多，也就會更常生病。此外，焦慮和壓力也會增高，這對任何文化都不好，更不必說認知力會大幅下降。別忘了，根據雷斯的說法，睡眠若低於所需 90 分鐘，等於認知力下降 1/3。所以要讓員工好好睡。

我們還有一項福利，提供午睡時間。我們的新辦公室空間附設有睡眠艙，員工需要時可以進去躺一下，利用那個時間睡覺、閱讀或靜坐。

有效小睡 20 分鐘對於接下來 3-4 小時的生產力提升有神奇的效果。

## 3. 靜坐與正念

這類修鍊很值得在職場推行。例如靜坐就是很有用的工具，許多科學證據顯示，每天靜坐（那怕是很短的時間）會讓人做出更好的決定，變得更有創意，更能有效溝通。現在已有 15000 份研究顯示，靜坐有益健康與幸福，能提升人的功能。

但要記得尊重別人的界線。任何事都不應該強迫，但應該提供機會讓人學習提升個人幸福的新技巧，這對創新的影響之

大會讓你驚訝。

## 4. 擬定追求蛻變的教育預算

你的公司是否有預算讓員工接受身心健康與個人成長的訓練？如果沒有，趕快安排，那會是對生產力最有幫助的工具之一。

在我撰寫本文時，已有數千家公司使用 Mindvalley 的成長探索平台（Quest Platform）提升員工的幸福。員工只要付極少的費用，就可參加 30 天的課程，每天花 5-20 分鐘，學習各種超乎一般水準的能力——從速讀到睡眠管理無所不包。想像如果你在一月學習超慢速肌力訓練，二月讓閱讀速度增加兩倍，三月學習成為更好的父母，四月學習成為演說高手——這就是成長平台提供的內容。

你會上癮的，因為你一旦養成一天花 20 分鐘改善自己的習慣，你就會愛上那個嶄新的你，愛到你根本無法停止。這是最美好的蛻變經驗。

當你將這些做法帶進你的生活和團隊，就能成功創造有利蛻變的職場，讓同仁真正成長茁壯，成為最好的自己。

所以，我們現在進展到馬斯洛金字塔的下一階：自我超越。當我們成為最好的自己，下一個進化階段是體認到你的內在開始產生想要回饋世界的慾望。這就是自我超越的精髓，也是下一章要探討的內容。

# ◑ 本章概要

## 現實認知模式

　　蛻變是指一個人看世界的角度恆久改變。這與學習不同。蛻變有兩種，貝克維斯稱之為見性和覺悟。你可以經歷痛苦見性或因為覺悟而成長。

　　要避免痛苦，透過領悟加速成長，就要把個人的成長當作生活方式。

　　把心思放在你的自我進化速度，不斷思考你在生活的各個領域接下來要怎麼做，才能成為更好的自己，如此你自然能引導別人一起努力。每個人都是領導者，都有能力培養更多領導者，因為成長具有加乘效果。所以你要擁抱蛻變，「快速成長到朋友只要一個月沒見面，就必須重新認識你。」

## 生活系統

### 練習一 · 讓你徹底改變的規律性鍛鍊

　　請參考前文的同名章節，創造你自己的每日習慣。不妨考慮採納下列做法：

⑴ 優化睡眠
⑵ 六段式靜坐
⑶ 優化運動（高強度間歇訓練與超慢速肌力訓練）

⑷優化飲食、斷食和補充品

⑸快速學習


## 練習二・如何建立有利蛻變的團隊環境

請參考前文的同名章節，將成長的方法帶入團隊。不妨考慮採納下列做法：

⑴早晨自主

⑵睡眠

⑶靜坐與正念

⑷擬定追求蛻變的教育預算

# 第六章

# 明智選擇你的使命

徒有權力沒有愛容易魯莽濫權，徒有愛而沒有權力則易流於濫情空洞。掌權者最理想的表現是以愛實踐正義，正義的最理想表現是以權力矯正一切違背愛的作為。

——金恩博士（Martin Luther King Jr.），
《金恩自傳》（*The Autobiography of Martin Luther King, Jr.*）

· · · · · · ·

　　自我實現讓你的人生能掌握優勢。下一步是利用這項優勢鼓舞別人，讓世界變得更好——這就是自我超越（self-transcendence）。當你達到這個境界，你會得到超乎想像的滿足感。你的目標不再只是讓自己變得更好，或陷入無止盡的內省，而是利用新發現的能力，爲別人以及子子孫孫創造更美好的世界。

時間已過午夜，我坐在正式的宴會桌旁，桌腳陷入內克島烏龜灘白糖似的沙灘。同桌的是來自世界各地的企業家，都是來參加布蘭森主持的同儕互相指導聚會（mastermind）。布蘭森有種了不起的能力，可以讓保守的商場專業人士脫掉西裝，換上各種打扮徹夜狂歡。今晚我們是內克島的海盜。他戴著一邊眼罩，一隻手是鉤子，穿著一雙夾腳拖——典型的布蘭森風格。我們其他人的打扮也差不多。

隨著派對的喧鬧漸漸安靜下來，我發現自己就坐在布蘭森旁邊，決定問他一個重要的問題——那是我接獲邀請之後就一直在腦中盤旋的問題。

「理查，有一件事我很好奇。維京集團擁有大約 300 家公司，300 位合作夥伴。雇用員工近 5 萬人，你創造了非常精彩的人生。如果你可以用一段話概括你的成就，你會說你的祕訣是什麼？」

布蘭森停了一下思考，頭偏向一邊，望著海洋。然後他轉回來看著我說出這段話：

關鍵在於找到並聘用比你聰明的人，讓他們加入你的事業，給他們好的工作，然後讓開一邊，信任他們。你必須讓開一邊，才能把心思放在更大的願景。

但那天晚上他給我的最後一句忠告是：

這些很重要，但最重要的是：你必須讓他們把工作當作是

使命。

# ◐ 使命的力量

　　2015 年某一天在洛杉磯，我學到關於願景領導者的另一個種大啓示。我受邀和 XPRIZE 基金會的一群董事參觀 SpaceX，該基金會是致力研究科技發展的非營利組織，專門資助對人類有益的創新。這是一群積極促進世界變革的人，身爲其中一員，我得以一窺許多世界頂尖科技創新實驗室的幕後作業。當我走進馬斯克的火箭所在的宏偉工業大樓，立刻被馬斯克這種狠角色的宏觀思想所震撼。

　　當時，他的公司 SpaceX 和特斯拉是矽谷的工程師最想要服務的兩家公司。這兩家公司的使命實質上是在這個世界之外的，但也很有執行與實現的可能性。兩家公司的使命都非常遠大，甚至計畫拯救人類。SpaceX 的存在是爲了將人類帶到火星，創造地球的替代星球。同樣的，特斯拉的願景是幫助我們邁入新的公平市場社會，運用替代能源而不用化石燃料。

　　但請想想看，SpaceX 不過是垂直的運輸公司。有些公司做的是水平搬運，SpaceX 則是垂直搬運，將衛星送到太空。基本上這並不是很吸引人的工作，但馬斯克可不是這樣形容的。

　　那天在的 SpaceX 的會議室，馬斯克在螢幕上展示火星的巨大圖片，告訴我們要如何到那個紅色星球殖民。他的開創性目標非常清楚。在我們一生中，地球有四萬分之一的機率會被

小行星撞到，導致全人類毀滅。想想看，我們可能變成下一個恐龍。因此我們必須幫人類備份，就好像你會把硬碟備份到另一部電腦，以防電腦壞掉一樣。我們其中一人問他：「多久可以做到？」

他答：「我估計大約十年。」

然後又笑著加了一句：「但以前就有人說我對於時限過於樂觀。」

馬斯克不會很無聊地談運送多少東西到太空，而是談他的公司未來十年的樣貌，他的語氣好像**此刻**正在發生一樣。

他創造了一個非常能鼓舞人的願景，你聽了不自禁會心醉神迷。他的目的和**動機**清清楚楚，人們自然會向他簇擁，即使那個願景的終點仍遠在十年甚至更久之後。

加入 SpaceX 和特斯拉的人並未期待馬斯克知道如何解決公司正在面對的問題，或可能的發展時程。記住，當你有這麼宏大的使命，你不必知道**怎麼做到**。你要從**為什麼要做**以及**要做什麼**開始，然後號召一群人一起作戰，重點是接下來一起想出**如何**做到。扣人心弦的使命能非常有效的吸引這類戰士。

馬斯克和布蘭森都知道如何利用強大的使命吸引人才，也善於提供激勵人心的工作，吸引團隊成員全心投入。

人類是被目標驅動的動物，天生就是要獵捕下一餐，或找到樹上的莓果。在這個街角雜貨店就能找到肉類和莓果的時代，我們如果沒有用到大腦這個被目標驅動的部分，就會覺得無聊。

因此有些人會靠電玩或其他嗜好來滿足這個心理需求，很

多電玩和玩樂活動都是利用達成目標的策略讓你上癮，這叫做遊戲化（gamification）。但多數人是在工作中尋求滿足。最吸引人的公司會提供目標大膽且讓人受到鼓舞的工作，讓人覺得生命因此有意義。

2013 年，蓋洛普發表一份調查，對象是 65 歲仍拒絕退休，繼續做到 80 歲的男性。結果發現，其中 86% 的人繼續工作是因為覺得工作有趣，93% 的人覺得工作有意義。

當工作與一個人想要留給這世界的東西一致，使命就成了驅動力——在工作中追求自我超越就是這個意思。

馬斯洛認為，自我超越是生命的最高層次。當一個人關懷的焦點超越自身，也就達到自我超越的境界。這樣的人以天下為己任，工作的動機是利他、靈性覺醒、擺脫自我中心、追求存在的統一性（unity of being）。在我看來，這種人絕對是人類當中最優異的一種，因為這些人讓所有的人擁有更美好的世界。這就是融合惡棍和佛陀特質的表現——他們打造、形塑、推動世界向前邁進，對人類的愛驅使他們努力讓人類變得更好。

## ● 貢獻是自我超越的精髓

自我超越通常是以付出的方式表現。想想看，你是否曾經為另一個人付出而不期待回報，你體驗到什麼？有什麼感覺？你的付出帶給你什麼？這就是自我超越的真諦。神奇的是，無條件付出會讓你滿足其他很多需求。當一個人為別人付出，他

的努力重心、成長、愛與歸屬（或連結）、意義的追尋等通常也都照顧到了。這是滿足基本需求之後實現生命價值的上層結構（superstructure）。

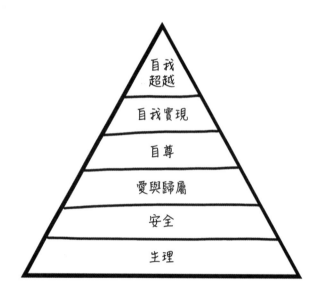

# ◑ 你的生命不只和你有關……

2017 年，在巴塞隆納的 Mindvalley 大學，我坐在聽眾席看著一位特別讓人著迷的演講者。他是沃許（Neale Donald Walsch），寫了《與神對話》（*Conversations with God*）系列書籍而聞名於世，大賣 1500 萬本，還在持續增加。

他的書改變了很多人的生命，包括我。我在 1998 年買了他的第一本《與神對話》，當時還在讀大學。那本書的每一頁都撫慰了我，他寫的是我們所有人的真實本質以及我們的神聖

傳承。

在問答時間,一個 40 多歲的婦女站起來問:「尼爾,我每天醒來都感覺到壓力、焦慮和沮喪。你建議我怎麼做?」

尼爾微笑,凝視她的眼睛說:

*妳每天醒來時記住這一點:你的生命不只和你有關,而是和你碰觸到的每一個生命都有關聯。*

尼爾繼續說:「努力提醒自己這一點。當妳真的體會到了,真地改變自己,讓妳的生命和別人有關,妳再也不會醒來時感到沮喪、壓力或害怕。當妳走進一個房間時想著要療癒房間裡的人,當妳醒來時想著要服務世人,妳的問題、妳感受到的負面情緒都會消失無蹤。」

這個觀念深深觸動了我,我決定秉持這樣的生命態度,並以此作為生活準則,指引我們在 Mindvalley 的運作方式。

這是需要練習的,但只要你將焦點從個人的問題**轉移到**他人身上,立刻就能以更寬廣的視角看世界。這種生活態度能夠帶給你激勵、希望和快樂,引導你往前走。

當一家公司齊心這麼做——團隊合力為世界解決一個問題,你等於創造出一群超級英雄(如同下面你將發現的,有兩種工具可以做到這一點:宏大變革目標和採取立場)。

每個人都可以運用這些策略在工作中發揮自我超越的力量,本章最後會一一探討這些。當你開始讓你的生命與他人相關,那將完全改變你採取每一項行動時所考量的因素。

但首先，且讓我們退後一步，探討我們為什麼需要超越自己。今日世界最需要的就是寬闊的視角。人類已發生無可逆轉的改變，人與人從來沒有像現在這麼緊密相連。依據作家兼哲學家厄本（Tim Urban）的看法，我們其實已變成新的物種：巨人（Human Colossus）。

# ◑ 遇見巨人

厄本是一個很有意思的人，經營部落格「為什麼等待」（Wait But Why）。他的部落格文章很不一般，可以長達 6 萬字，那可是本書80%的篇幅。這讓他吸引了一票特別的粉絲。

2017 年，馬斯克找上厄本，請他寫一篇文章，解釋他最新的超概念公司 Neuralink 所做的事。公司的目標是創造人腦到電腦的無縫連結，這要用到厄本的解釋功力才能讓人們了解。

厄本為了解釋 Neuralink，寫了一篇文章《Neuralink 與大腦的神奇未來》（*Neuralink and the Brain's Magical Future*）（讀者可上網閱讀完整貼文：https://waitbutwhy.com/2017/04/neuralink.html），帶領讀者回溯 350 萬年，一路介紹人類演化的過程。他以好玩的方式說出我們建造的科技如何讓人類以過去不可能的方式成長。在這篇 6 萬字的貼文裡，厄本提出一個簡單的思想實驗：

想像一個外星探索者造訪新的星球，發現有三個行星在環

繞，全部都有生命。第一個剛好和西元前一千萬年的地球一樣，第二個像西元前五萬年的地球，第三個剛好和 2017 年的地球一樣。

外星人不是原始生物專家，但繞行三個行星時用他的望遠鏡一個一個俯瞰。他在第一個行星看到山水、樹木和一點動物的跡象，看到非洲平原上的象群，一群海豚在海面跳躍，另外還有其他分散各地過著日常生活的動物。

他又到第二個行星到處看，有更多的動物，沒有太大的不同。他注意到一樣新的東西——土地上偶爾出現點點閃光。

他覺得很無聊，繼續到第三個行星。哇，他看到飛機在緩慢移動，高樓聳立大片灰色土地上，各種船隻散布海面，長長的鐵道綿延越過大陸，一架衛星飛過他旁邊時他不得不急拉太空船閃過。

他回家後報告所見：「兩個行星過著原始生活，一個過著智慧生活。」

你可以了解他為什麼做出這樣的結論——但他錯了。

事實上，比較不同的是第一個行星。第二個和第三個都有智慧生命——同等的智慧生命。你甚至可以從第二個行星綁架一個新生兒，和第三個行星的新生兒交換，兩者在彼此的行星都能長成正常人，完美融入，和別人一樣。

但怎麼會如此？

巨人，這就是答案。


厄本說我們現在處於巨人的時代，他是這樣解釋的：「你

是否曾想過，為什麼人類總是讓你覺得這麼平凡無奇，同時人類的成就卻又讓你如此驚嘆……我們愈是能大規模互相溝通，人類愈能像單一有機體一樣運作。人類的集體知識如同有機體的大腦聳立在上，個人的大腦則如同一條神經或身體的一條肌肉纖維。隨著大眾溝通的時代來臨，一個集體的有機體——巨人——於焉誕生。」

網路就像我們的集體神經系統，讓我們更有能力分享觀念，聯合起來成為更聰明的物種，更容易互相合作。隨著人類變得更緊密相連，也就能發明更高超的制度和科技，持續推動人類的進步。我們所建立的制度讓人類更容易解決重大的全球問題，人們可以更輕易結成團隊，聯合腦力，分享觀念，達到更高境界的創新。

我曾聽過戴曼迪斯（Peter Diamandis）說：「今天，擁有智慧手機的一般人對於這世界所掌握的資訊量比 1994 年的美國總統更多。」

我們愈來愈像統一的生命體。現在已經不是個人的時代，而是人類的時代，每個人只是這個集合體的個別細胞。你創造的一切，你在社交媒體的每次貼文，或每次投票，每一項行動，都會影響其他細胞。我們從來沒有像現在這麼緊密相連，我們是這個集合體（巨人）的一部分。

這個現象所造成的影響有負面也有正面。舉例來說，一個總統的反動推文可以一下子就傳播開來，導致世人對這整個國家產生負面印象。反之，我們可以發揮集體解決問題的超凡能力，像是《紐約時報》專欄作家桑德斯醫師（Dr. Lisa

Sanders）所做的——她在節目《診斷》（*Diagnosis*）裡，以群眾外包的方式爲罕見疾病尋找治療方法。

所以我們要探討一個很重要的問題：如果我們都是細胞，你是健康的細胞或癌細胞？你的工作對人類的影響是正向的嗎？對企業領導者而言，你的企業使命對巨人會做出健康細胞的貢獻嗎？或者你的工作和行爲就像癌細胞一樣，讓巨人更不健康？有趣的是，癌細胞不知道自己是癌細胞，以爲自己是正常細胞在生長複製。在癌細胞心中，它只是在做細胞該做的事。

同樣的比喻是否也適用於人類？如果你是一個士兵，聽從獨裁者的命令去轟炸一個城市（像是敘利亞的古城霍姆斯），造成數百萬難民流離失所，**你是癌細胞嗎**？我並不是說那個士兵很邪惡，但他可能依循的是錯誤的原則。拿士兵來類比很容易，下面舉一個比較難的。

假設你是某大香菸公司或電子菸公司的高階主管，你們的使命是讓更多人使用你們的產品直到成癮，結果會如何？更艱難的問題：如果你是某大汽水公司的高階主管，推銷果糖含量很高的加味玉米糖漿，稱之爲罐裝的快樂，結果又如何？你是健康的細胞或癌細胞？

這時候狀況變得愈來愈詭異。人類以癌性胞的方式作用時，會選擇不把自己當成癌細胞，認爲自己是在做對的、應該做的事。但就像米爾格倫（Stanley Milgram）著名的監獄實驗所顯示的，我們並不是常常會做對的事。我們會依循命令、階級、模式、規則行事——常常把這些擺在情感、使命、價值之

上。我們這麼做是出於順從，以及爲了滿足融入團體或社群的人性需求。

但任何人都有能力超越這種順服，即使是小小的行動也能發揮很大的作用。有時候你只需要說不或離開現場。

當一個人做事的動機是爲世界帶來正向的影響，自然會抱持較高標準的誠信原則——我的朋友紀良育（Tom Chi）就是如此。他致力透過事業創造更美好的世界，這一點總是讓我受到鼓舞。紀良育是發明家、作家、演說家、X Development 的共同創辦人——有時也稱爲 Google X，那是谷歌高度自主的半祕密實驗室（現在與谷歌同爲字母 Alphabet 的子公司）。

幾年前紀良育在矽谷主持一個智庫，我也有投資。大公司聘用他和他的團隊協助解決策略問題。曾有某大型飲料製造商請紀良育解決他們的行銷問題。他們覺得青少年買得太少。

據說紀良育看著坐在對面的主管問：「你知道你們的產品和肥胖及糖尿病有很高的關聯性吧？」

那位公司高層爲他們的產品辯解，試著將對話引導到別的方向。但紀良育本身是科學家，知道這是胡扯。他告訴我：

「他們的否定包含很多層次，好比說辯稱糖尿病的成因有好幾百種，任何人都可以做出聰明平衡的飲食選擇，他們的產品只占這個選擇的其中一部分。」

紀良育說，該公司聲稱他們真地很支持進步的價值觀，例如他們是第一家在廣告中呈現不同種族的伴侶。

紀良育解釋：「這是典型的自欺欺人，好像在某方面行善就可以在其他方面爲所欲爲似的。事實是我們必須保持覺醒，

盡可能在所有的領域持續學習。」

最後紀良育拒絕了，放棄 25 萬美元的生意，因為這和他的價值觀相衝突。紀良育是非常世界中心主義（world-centric）的領導者，真心關切人類的發展，在乎他所做的事是否能促成正向的改變。

我個人覺得這件事很有趣的一點是，紀良育觀察到，該公司的很多人似乎都在自欺欺人，很多層次的否定根本違背實證資料，好比糖對身體的壞處以及喝汽水與肥胖率的關係。

但我們也可以同理這些主管會拼命推銷飲料給青少年。他們並不是壞人，如同紀良育和我分享的：「我也同情他們，因為他們的認知一旦動搖了，就表示要離開他們做得很愉快的公司，他們喜歡的同事，投入心血的事業，養家活口的穩定財務。此所以他們會將各種否定心態和錯誤資訊一層層往上疊，才能保護自己。」

沒錯，該公司的產品是導致全世界肥胖症流行的重大因素。節制使用產品應該就沒問題了吧？但也有人認為談節制完全沒有用，就像香菸一樣。你知道香菸曾被拿來對孕婦行銷嗎？這當然是大家還不知道香菸危害健康之前很久的事。但想像一下，當你聽到有人宣稱經常抽菸有助於緩和懷孕時的緊張，你是不是很驚訝。

所以我們每個人都有責任質疑自己的行為，採取維護多數人利益的立場。在你採取任何行動之前要問自己這個問題：我在這世上扮演的角色是在推動人類向前還是後退？

因此我們要認真檢視自己推銷的產品或服務，提出艱難的

問題，因為你經營或服務的事業分成兩種：為人類加分或減分（你也可以將這個問題套用到你的整體生活）。

佛陀的特質是不傷害生命。當你真正擁抱自己的這個特質，你必須開始檢視你的工作所創造出來的產品或服務，問問自己你是否真地在造福人類。

你知道商人和真正的企業家有什麼差異嗎？商人經營事業是為了賺錢，真正的企業家則是為了推動人類的進步。

# ◑ 你為人類加分或減分？

我們在探討自己的工作和服務的公司時要問自己一個問題：我的產品或服務會為人類加分或減分？

減分的公司純粹為了獲利而存在，沒有為世界增加價值，販售的是有害的產品如垃圾食物，或不利永續發展的產品如化石燃料。很多減分的公司建立在人為的需求上——亦即銷售我們不是真的需要的產品，甚至可能有害，行銷時卻說成是追求幸福或快樂的必需品。

一個例子是最近關於電子菸公司引發的爭議。看到美國人丟掉香菸很棒，但電子煙變成了替代品。很多電子煙產品含有致癌物、有毒化學成分、有毒金屬微粒，製造出全新的危害，因為這些公司的目標是青少年市場。

反之，加分的公司會推動人類的進步。這些公司專注於開發乾淨的可再生能源，或是能促進健康飲食與生活的產品，努

力研究新方法來提升與改善地球上的生活。理想的狀況下我們應該服務、支持、創立這樣的公司。這種公司的產品讓巨人更健康，自然會吸引具佛陀特質的人才，因爲佛陀的特質不會參與對人類有害的行爲。

任何人都可能服務於傳統產業的公司，如航空、保險、電力等等，其中有些公司的使命仍有足夠的說服力可以讓人感動。例如西南航空，這是傳統產業，但他們在顧客服務與顧客的飛航經驗上追求積極創新，對世界是有貢獻的。飛行確實會讓全球暖化更嚴重，但在我們創造出以替代能源爲動力的飛機之前，這是必要之惡。

我不會將每一家促成全球暖化的公司都一竿子打爲減分公司。最重要的是時間點，我們還沒有可以取代所有化石燃料需求的科技。但我確實認爲有些公司和品牌使用不實的行銷資訊推銷我們不需要的產品，這就踩到上述的紅線了。不論你最後找到的使命是什麼——是創立自己的事業、加入某種事業、追求工作之外的志業、讓你的創造能量閃耀在世人面前、或投注心力養育優秀的孩子，你其實只需要記住一件事：

你不必拯救世界，
但不要留爛攤子給下一代。

如果你的公司屬於扣分組，你本身很有才能，我希望你看清楚，你的貢獻無法反映你的價值，不如跳槽到你的才能更能爲整體巨人服務的公司，發揮影響力造福人類。每個人都可以

選擇運用自己的才能造福社會，現在是你應該提升層次的時候了。想想看：世界上最聰明的人應該思考新的方法，讓你購買和消費新的汽水或電子菸嗎？還是應該努力解決人類面對的實際問題？

# ◐ 以使命引導行為

## 工具一：宏大變革目標 (Massive Transformative Purpose, MTP)

要真正讓你的生命以及你接觸的每個人的生命有意義，你必須致力達成**超越自我**的目標或解決**超越自我**的問題。

我們就像同一個生命體的細胞，互相倚賴的程度超乎我們的想像。你所做的每件事（不論多麼微小）都會產生漣漪效應。還記得沃許的話嗎？「你的生命不只和你有關，而是和你碰觸到的每一個生命都有關聯。」

公司若具備改善世界的宏大變革目標，就比別人更具優勢，能夠吸引最優秀的人才，最有熱忱解決問題的人，激勵員工為更高的理想努力。科學研究顯示，胸懷目標的員工才能有最好的表現。

當你讓公司上下一心為宏大的使命努力，就能提高同仁的動機，因為你讓大家有機會為更大的問題操心，不是為了沒有回訊息的男孩女孩煩惱，或肚子上多一塊贅肉，或最喜歡的音樂會門票賣光了。狠角色不為這些芝麻小事煩心，因此你要提

供更大的問題讓他們去思考。

多數人的問題是：他們的問題不夠大。

讓人們在乎如何拯救世界，改變人類的命運。讓你的同仁
一心一意想要解決真正的問題：環境的嚴重破壞，民族主義的
興起，健康與肥胖危機，幾百萬人欠缺基本所需（如用水或起
碼的教育），或甚至只是透過好的設計、優良的產品、實用的
服務，讓人們的生活變得更好。

有一個著名的故事說早期的麥金塔開機較慢，賈伯斯利
用上述策略，激勵蘋果的工程師縮短開機時間。赫茲菲爾德
（Andy Hertzfeld）是 1980 年代蘋果電腦原始開發小組的專家
之一，他在 1983 年發表的文章〈拯救生命〉（Saving Lives）
裡寫道：

最讓賈伯斯困擾的一個問題是麥金塔開機的時間太長，可
以花上幾分鐘甚至更久——要測試記憶體、作業系統初始化、
載入檔案管理程式 Finder。有天下午，賈伯斯想到一個很有
創意的方式，激勵我們縮短開機時間。

肯尼恩（Larry Kenyon）是負責磁碟驅動器和檔案系統的
工程師。賈伯斯走進他的位子區，嘗試說服他：「麥金塔開機
太慢了，你得讓它快點！」

肯尼恩解釋他認為可以改善的一些地方，但賈伯斯沒興
趣。他說：「你知道嗎？我最近一直在想。有多少人會使用麥

金塔？100 萬？不，一定更多。幾年後，我想會有 500 萬人每天至少開機麥金塔一次。

「假設你可以讓開機時間縮短 10 秒，乘以 500 萬人，那就是每天 5000 萬秒。一年下來，大概等於幾十輩子。所以如果你能讓它快十秒，就等於救了很多人的生命。這真地很有價值，你不覺得嗎？」

他的工程師順利完成任務，而且比原先預期的更快完成。

當賈伯斯將使命變大，便能成功激勵團隊在接下來幾個月將開機時間縮短 10 秒以上。為一個宏大變革目標努力就是會讓人覺得有意義得多。

你的宏大變革目標是你要帶給世界、讓世界更美好的巨大改變。有些商業書稱之為 BHAG（讀做 B-HAG），意思是「膽大包天的目標」（Big Hairy Audacious Goal），我認為和宏大變革目標是同樣的東西。宏大變革目標是你的組織要推動的一個「重要性高於一切又能讓人產生力量」的目標。

馬斯克的宏大變革目標是殖民火星。蓋茲剛創立微軟時的宏大變革目標是讓世界上每一張書桌上都有一台電腦。谷歌的宏大變革目標是整合全世界的資訊，變成大家都能取得和運用。Mindvalley 的宏大變革目標是讓人類的意識獲得前所未有的提升。

宏大變革目標必須是困難且富挑戰性的事，本來就不會立即得到答案，但這樣才有趣，就像等待被解開的謎一樣。

你的宏大變革目標有些模糊沒關係，至少現在沒關係。下

一章會談到如何運用一種稱為「目標和關鍵結果」（OKRs）的概念，讓你的宏大變革目標變得具體，可以循序漸進達成。

如果你的公司沒有什麼能夠改變世界的大膽新計畫呢？好比你可能是 IG 模特兒，或銷售襯衫，或製造玻璃器皿，或開乾洗店。

你可能沒有宏大變革目標，但還是可以因為你有一個立場而讓你的工作有意義。

## 工具二：採取立場

勞歐曾對我說：「太多領導者想要刻意鼓舞別人。不要再這麼做，你要**被某種理想激勵**，然後自然就會激勵別人。」

想想看，當你努力讓自己被激勵，你自然就會激勵別人。被理想激勵的狀態具有磁吸力。現在請花點時間看看你周遭的世界，什麼事激勵你，吸引你，讓你被鼓舞？什麼事值得你奮鬥？下面的故事也許可以幫助你找到答案。

紐約市上東城有一個乾洗店老闆名叫維斯奎茲（Carlos Vasquez），2009 年他興起一個強烈的念頭，想要幫助當地因經濟衰退而失業的人。你在店面窗戶貼了張告示：

如果你失業了，需要乾淨的衣服去面試，我們願意**免費**服務。

維斯奎茲受訪時說：「我這麼做只是要回饋社區，謝謝大家支持我在這裡生活，拿衣服來洗，讓我的店可以經營下

去。」全國媒體報導這則新聞，使得維斯奎茲無意中開啓了一場運動。不久全國各地都有乾洗店爲失業準備面試的人免費服務。

一位乾洗店業者查普曼（Don Chapman）受到卡洛斯激勵，總共洗了兩千套西裝，真地讓人很感動。這場運動讓整個社會凝聚起來，讓美國人有一套互相支持的新模式可以遵循。這一切全是因爲有一個人選擇被激勵。任何人都可以做到這一點。

IG 網紅（influencer）可以選擇支持健康的立場，不要推銷垃圾食物。T 恤設計師可以創造一種鼓舞正向精神的品牌，實際上這真的發生了。傑科斯兄弟（Brothers Bert and John Jacobs）創立「美好生活系列」（Life Is Good）T 恤，使命就是要散播樂觀主義。兩人頓悟之前，開著貨車販售自製的 T 恤。有一天，他們受夠了負面新聞，決定設計一個系列來提醒人們感恩和快樂。他們採取這個立場後吸引大批顧客，現在公司的價值估計遠超過九位數。

大公司也可以這麼做：Patagonia 是戶外服飾與裝備公司，以環保立場激勵數百萬人；耐吉的立場是人人平等；星巴克是支持全世界的難民。

最棒的是，採取立場真地有助獲利。根據最近的一項研究，75% 的美國人表示希望公司和執行長採取立場。當耐吉決定刊登廣告，支持公開和川普對嗆的足球明星卡佩尼克（Colin Kaepernick）時，可能就是因此股價才會創下歷史高點，民眾爭相表示支持耐吉。

我們生存在一個極端對立的世界，人們對政府失去信任，因而寄望企業家為對的事挺身而出，期待品牌在政治、社會議題、環保、甚至是槍枝管制、性別平等、社會正義等方面採取立場。2019 年，Sprout Social 公司的調查顯示，66% 的消費者希望品牌在社會與政治議題上公開採取立場。

舊的經營哲學是不要衝撞界線。但現在不同，沒有立場反而可能危害事業。

採取立場的公司自然會吸引志同道合的事業夥伴、員工和投資人，形成強大的聯盟。所以你要採取立場，然後經常分享。

當你開始這麼做，你可能會進化成一個新的你。好比企業家兼行動主義者（activist），或執行長兼行動主義者，或創作者兼行動主義者。我就是這樣，發生得很偶然。

# ◐ 行動主義者的時代

我用一個詞描述自己，寫在我所有的社交媒體帳戶和名片：在名字「維申・拉克亞尼」下面寫著：創辦人兼行動主義者。

行動主義者的定義是：推動、阻礙、主導、介入社會、政治、經濟、環境等方面的改革，希望促成社會改變。

我一直不知道自己其實是行動主義者，直到應邀上比爾亞（Tom Bilyeu）的當紅談話節目「衝擊理論」（Impact Theory）。該節目探討世界上成就卓著人士的心態。湯姆透過訪問了解這些人的成功祕訣。他幫助我說出我內在幾個月來的一項改變，

這全部起因於他提出的一個問題。

「你自認是哲學家或企業家？」

我答：「我以前以為我是企業家。但成為企業家同樣也是手段型的目標，因此我不喜歡『企業家』這個標籤。有些企業家是自由業者，會幫你設計 logo。企業家只表示你的收入靠自己賺。也有企業家像你一樣，創立幾十億美元的公司。涵蓋範圍太廣，難以將每個人納入同一個標籤。

「所以我給自己的定義不是企業家，而是我代表的價值。我相信重要的不是一個人的標籤，而是你的立場。傑坦普（Patrick Gentempo）說：『你的立場就是你的品牌。』我相信一個人之所以獨特，在於他支持的立場。我支持一種價值，那反映在我所做的每一件事情上，那就是團結，那是我最重視的價值。所以與其說我是企業家，不如說我是支持團結的行動主義者。我的意思是，如果我失去事業，我不會失去我的身分認同。但如果我不再支持團結，我就不再是維申……我內心有股強大的慾望要追求團結，這就是我之所以是**我**的價值。我是追求人類團結的鬥士和行動主義者，這是我給自己的最重要定義。」

從這個定義可以看出來，我將第一章所說的基本價值牢記在心。我把基本價值擺在第一位——我創立的事業只是反映那些價值。

受訪之後，我明白了我想要全心投入實踐我公開表達的思想。我的第一個行動是將行動主義者的頭銜加到名片和社交媒體的帳戶。同時我感覺周遭的世界也在經歷改變，甚至可以說

分崩離析，我想要做更多事。

於是 Mindvalley 也跟著改變。我們決定將年度預算的一部分投入社會事業。

我的同儕立即表達的反應是：和你意見相左的顧客因此不再支持怎麼辦？我們會不會流失支持者？也許會。但結果根本不是如此。

我們改為行動主義公司的頭半年，倒是注意到兩個驚人的結果。

第一，銷售量大幅攀升。我們與認同品牌的更多人建立更深刻的忠誠關係，我們的社交媒體收到類似這樣的評語：「我以前以為 Mindvalley 只顧賺錢，原來這是一間有心的公司，死忠到底。」

第二，同仁對自己的工作產生強大的拚勁和驕傲。員工告訴我，公司關懷真正重要的事，讓他們非常驕傲。

當然，採取立場可以很可怕。一開始會讓人感到孤單不安，但必須有一個人率先站到前面舉手。金恩博士的話鏗鏘有力：

你也許和現在的我一樣 38 歲。有一天你碰到一個難得的機會，呼喚你要挺身護衛某個極重要的原則、議題或理想。但你拒絕了，因為你害怕……你拒絕是因為你想要活更久……你害怕會失去工作、被批評、不再受歡迎，怕有人捅你一刀、拿槍射你或炸你的房子，因此你拒絕採取立場。

你可以繼續活到 90 歲，但你在 38 歲時就死了。精神已提

早死亡，只是等到停止呼吸那一天才宣布生命終結。

金恩博士一點都不委婉。要做一個願意爲了推動正向改變而讓自己不自在的領導者，不要做生命的旁觀者。

讓我清清楚楚告訴你：你責無旁貸。就好像我也是責無旁貸。如果我們都選擇採取這樣的立場，這世界會是什麼樣子？

所以你要在這世上選定立場，爲理想付出，和別人一起努力創造正向的改變，人類需要你。

如果你還不知道你要如何改變世界，下一章會提供實用的工具，幫助你了解你要如何發揮影響力，創造遠大的新願景來改變世界。

# ◐ 本章概要

## 現實認知模式

實現使命的關鍵是找到比你聰明的人，與之結成盟友，提供能激勵人的任務，然後放手讓他們去做，如此你才能把重心放在願景的規劃上。最重要的，你必須提醒自己和每個人記住使命，如此可幫助團隊維持動力、熱忱和專注力。馬斯克和布蘭森都是這方面的專家，兩人都有宏大變革目標。

人類天生會想要達成目標，有意義的宏大使命本身就有激勵的作用，讓人不只考慮自己的利益，還會想要參與對人類做出正向影響的巨大貢獻。

別忘了，在今日社會，人與人的關係比任何時候都更密切相關，我們成了專家口中的新物種——巨人。我們就像一個個細胞緊密相連，一起運作，牽一髮動全身。

因此，永遠要想想，你投身的工作是對人類加分或減分。換句話說，你的使命會讓這世界增添價值或減損價值？

不妨將沃許和勞歐的智慧烙印在腦中。沃許說：「你的生命不只和你有關，而是和你碰觸到的每一個生命都有關聯。」

勞歐說：「太多領導者想要刻意鼓舞別人。不要再這麼做，你要**被某種理想激勵**，然後自然就會激勵別人。」

要做到這一點，你要思考：你是為什麼目標努力的行動主義者？什麼事對你很重要？你要激起你的熱情，然後和志同道合的人一起合作。在今天的社會，再也沒有什麼比採取立場、為宏大的使命努力更有意義。

# 生活系統

## 練習一·宏大變革目標

**步驟一**：思考下面兩句名言和問題：

「你的生命不只和你有關，而是和你碰觸到的每一個生命都有關聯。」

——沃許

「太多領導者想要刻意鼓舞別人。不要再這麼做，你要**被某種理想激勵**，然後自然就會激勵別人。」

——勞歐

這世界上有哪些使命讓你感動？

你可以成爲何種志業的行動主義者？

哪些主題或領域讓你特別有感？

你想要爲哪類團體發揮影響力？

你願意支持哪些品牌？

**步驟二**：採取行動。你可以採取什麼行動支持或創造正向的使命，在你認爲很重要的領域推動改革？寫下來，然後採取行動。

### 練習二・採取立場

有很多書籍和課程可以告訴你如何讓你的品牌符合某種立場。跨出第一步並不難，在社交媒體盛行的時代，我們每個人都是一人媒體公司。如果你的公司有社交媒體帳戶，可以詢問你的老闆或上司，看看有沒有你想要支持的議題。

此外，如果你有在網路打廣告，要知道支持志業對你的廣告投資報酬率很有幫助。這**不是**你支持某項議題的理由——但和執行長分享下面的資訊比較能說服他們。2019 年 6 月，Mindvalley 更改所有社交媒體的標誌，以彩虹旗表達支持同志驕傲（LGBT pride）。那個月的廣告投資報酬率大增 20% 以上——人們更常點擊我們的廣告，購買更多產品。我們無法確切解釋原因，但數據就在那裡。我想是因爲我們表現出非常在乎

某些價值，更能讓消費者產生共鳴。

　　你可以到 IG@mindvalley 追蹤 Mindvalley，看看我們如何經常為重要的議題表達立場。

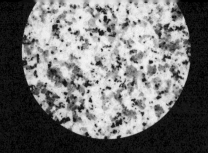

| 第三部 |

# 成為有遠見的人
## ——融合佛陀和惡棍的特質來改變世界

當你有了合適的盟友，培養了健康的自尊，努力追求自我進化與自我超越，下一步就是帶頭改變世界。

現在的你已變成一個依循價值觀生活的人，因而能吸引你需要的人才，不論是什麼願景都能成真（第一部）。你創造了一套能大幅提升最佳表現的做法（第二部），接著是應該邁入下個階段的時候了。第三部要練習願景的擬定與實踐，全盤考量，綜合思考，帶著喜悅和輕鬆的心情努力改變社會，讓世界變得更美好。

你要成為你注定成為的願景式領導者，創造能鼓舞人的使命，激勵你和周遭的每個人採取行動。另外也要學習與人合作齊心對外——我稱之為統一腦模式（Unified Brain model）。你要避免像許多人一樣，讓自己累到精疲力盡，因為你沒有必要犧牲你的健康、感情生活或家庭。下面說明你將學到什麼：

第七章，啟動內在的願景領導力：談動機是唬人的。當一個使命有足夠的鼓舞力量，就能激勵你以及認同這個使命的每個人努力

付諸行動。大膽的願

景就是有這樣的力量。

你要學習放大你的願景，擬

定大膽的目標，激勵與推動人們

向前走。

第八章，統一腦：這個世界在快速變動，

企業的樣貌也是。科技更是以驚人的速度飛快前進，快到任何

人都難以追上。要維持競爭力，團隊必須以超凡的速度密切合

作。在這一章你會學到如何打破團隊層級，讓你們能快速創

新，聯合戰線，也就是變成統一的大腦。此外，你還會學到舊時軍

中的一種精簡溝通的系統，OODA 循環。

第九章，升級自我認同與美麗的破壞：你應該拋開辛苦工作的

迷思，學習提高工作的層次，善用更敏銳的意識狀態，便能在工作

上輕輕鬆鬆得心應手。

在這樣美好的狀態下，你會展現出你在閱讀本書的過程中發展

出來的雙重特質──佛陀與惡棍。在這一章你將學會兩種特質的平

衡，從此再也不會被沉重的壓力擊垮或工作過勞。

每個人都是在兩個世界之間來回轉換，你的內在世界透露出你

渴望成為的那種人──只要透過三個步驟便能逐步做到。為此，我

要給你最後一項蛻變練習，讓你輕鬆成為你真正想要成為的人，聽

從內心的召喚，實現你的理想生活。

# 第七章

# 啟動內在的願景領導力

高明的領導者是有願景的，會激勵別人幫他實現。他會創造更多領導者，而不是追隨者。而且他會分享願景，鼓舞別人創造自己的願景。

——班奈特（Roy T. Bennett），
《心之光》（*The Light in the Heart*）

· · · · · ·

　　在生活中努力達成一個大膽到讓你害怕的願景是最美好的經驗。你致力追求的任何願景都應該對你有強烈的吸引力，誘引著你，讓你激動到晚上睡不著。讓我告訴你一個天大的祕密：你的願景愈大，愈容易實現。當你抱持這樣的心態，你可能會發現，你的願景並不是源自你，而是宇宙選擇透過你來實現世人的需求。

我曾在矽谷一家前景看好的新創公司擔任副總，2003 年我辭掉工作，決定全心投入我認為非常有意義的事業：教導和推動靜坐。

我的第一個網站讓我可以在世界各地教導靜坐課，收入不差。但我很快就明白，教靜坐的獲利和我先前的工作完全不能相比，可以說是一條穩定走向破產的路。為了收支平衡，我另外經營數位行銷代理的副業，協助作者架設網站以及處理科技後端業務。其中一位作者是普羅克特（Bob Proctor）。

大家都知道，普羅克特是美國作家、演說家、成就教練。我 14 歲時在父親書房的架上發現他的書，普羅克特是教人培養富人心態的大師。

2006 年普羅克特需要一個網站，請我幫他架設，這對我是一大突破。他是我很景仰的人，別忘了，當時他的演講可是收在全世界最多人觀看的 DVD 裡，是電影《祕密》（*The Secret*）裡受訪的大咖！我不敢相信自己這麼幸運。於是我們開始合作，還成為好友。他的事業正蓬勃發展，我能幫他架設網站是一件很榮幸的事。

於是我除了教靜坐課，另外就是和我的小團隊（約 18 人）一起工作。那是 Mindvalley 的草創時期，只能勉強不賠錢。我們的主要專業是幫其他個人成長品牌架設網站。

但這一切即將改變，我的世界即將大爆發，觸發這一切的人就是普羅克特。

我在第一本書《活出意義》裡創造了一個名詞：美麗的破壞（the Beautiful Destruction）。意思很簡單：

有時候你必須破壞掉生活中差強人意的部分，讓真正美好的東西進入。

我當時的生活只是差強人意，不算很棒，而且我不自覺變得自滿。

我沒有什麼願景，只是一年一年埋頭辛苦工作。我把心力放在短期的成長，不知道我的思想多麼侷限——直到普羅克特在倫敦市區的一間餐廳坦率指出我的問題。

那時候我搭機到倫敦為 30 人的小團體主持靜坐研討會。普羅克特剛好也在那裡，他在附近的飯店對數千人演講，好意邀請我一起吃飯。

我穿著運動衫牛仔褲赴約，普羅克特當然是筆挺的經典海軍藍西裝，漂亮的紅色領帶，手上戴著亮閃閃的手錶。普羅克特的品味和風格無懈可擊。

他問：「維申，你怎麼來倫敦了？」

我腦中想著：**鮑伯，你一定會很以我為豪。我現在在教靜坐，不只是架設網站而已。**

然後我告訴他有 30 個人來參加我的研討會，每張票 300 英鎊。我說起教導熱愛的靜坐是多麼快樂，以及我改變了多少人的生命。

鮑伯頓了一下說：「等等，你從馬來西亞搭機來倫敦？要多久，15 小時？把老婆和 1 歲的兒子丟在家裡」

「呃⋯⋯是的。」

「我希望你至少是搭商務艙？」

不是。「鮑伯，我每場研討會只賺 3000 美元，如果我搭商務艙，會虧錢的。」

鮑伯看著我的表情像張大眼睛的卡通人物，然後整張臉皺起來，深深嘆一口氣。我知道他將要說出某種深刻有智慧的話，也知道聽了會很痛苦。

他嘆口氣堅定地說：「你跑這麼遠來，只賺這樣？你是在浪費時間。如果我是你，我不會這麼做。」

我腦中有一個反對改變的警鈴發出一連串聲音，拼命為我的行為辯解。**我喜歡教學，而且我在為學員的生命增添價值，也將我的事業拓展到國際，我不認我在浪費時間，而且……**

所幸在鮑伯面前，我閉上嘴巴，沒有讓這串話的任何一個字跑出來。

「你的才能絕對不只如此，維申，你太大才小用了。」

**你說什麼？你在開我玩笑！**

我內心的對白更加不客氣。**深呼吸，維申，深呼吸。**鮑伯是世界上最親切、富同情心、充滿善意的人。但我心裡想著……

**去你的，普羅克特，雖然你穿著時髦的西裝，很有錢，古龍水無可挑剔……**

當然，我一個字都沒說出口，全部吞下去，因為我的內心深處知道他是對的。

他的話在我腦中迴盪。

結束週末的研討會，我搭 15 小時的經濟艙回家，途中有很多時間可以思考。隔天開始，我不再辦教學研討會。我在欺

騙自己，欺騙學員。我告訴他們要寫下目標，勇於夢想，自己卻沒有這麼做。我真地是太小看自己了，那是我最後一次教小團體研討會。

回到家後，我將普羅克特說過的一句話放在我的臉書自介。那是 2008 年的事，11 年後還放在那裡，內容是：

問題不在於：你是否配得上你的目標？
問題是：你的目標是否配得上你？

鮑伯的忠告徹底改變了我。有了更大膽的願景當靠山後，我在 2010 年回頭教個人成長，但意義大不相同，而且這一次的規模大很多。

我決定創造個人成長的活動，結合節慶的美學、音樂、魔幻與規模。我稱之為 A-Fest。結果大大成功，參加者必須申請後篩選，票價 3000 美元。活動辦在絕佳美景的五星級度假區。我不再靠一個人的力量，一天花 16 小時四處奔波訓練小團體，而是將世界頂尖的老師齊聚在一個地方。今天的 Mindvalley 仍會辦 A-Fest，但已成長到太大，衍生出其他大型活動，像是 2016 年的 Mindvalley 大學，為期三週，千人參與。這個 A-Fest 的新化身是全世界以變革為主題的最大節慶之一。我原本在三星級飯店教 20 個人，現在變成舉辦全球節慶，全部在 24 個月內發生。

A-Fest 成為我所創立最成功的事業之一。但會有 A-Fest，要感謝普羅克特讓我丟開微小簡單的願景，真正擁抱夢想，追

求一個讓我的潛能得以發揮的目標。

和鮑伯的談話是一個轉捩點。因為他的刺激，我領悟到願景的重要性。願景推動我們前進，讓人有清楚的方向，這樣的驅動力讓我們能在這世界留下更深的印記。但要做到這一點，我們必須先好好檢視自己的狀況，質疑自己的選擇和決定。不自在是必要的，因此我把想像未來變成固定的修鍊。我的願景持續成長。學了本章的內容後，你的願景也會成長。

## ◑ 大膽想像未來的力量

所謂願景就是心中浮現一個好的構想。所有的事情都是這樣開始的，這是讓**無形**的概念具體化的第一步，卻也可能讓人卻步不前。一個領導者若是願景太小，可能便會限制住整個團隊。

我們且以跳蚤為例進一步解釋這個概念。很久以前有科學家團隊做過罐中跳蚤的實驗，將一群跳蚤放入沒有蓋子的玻璃罐裡。跳蚤最大的嗜好就是跳高，既沒有蓋子，全部都跳出去。接著科學家將跳蚤放回罐子裡，蓋上蓋子。跳蚤繼續跳，但現在只能跳到蓋子那麼高。數日後，科學家打開蓋子，驚訝地發現跳蚤只能跳到蓋子那麼高，即使已經沒有蓋子了。

人類比跳蚤巨大、聰明也進步許多，但我們也會受到同樣的制約。一個人想像未來的能力也有蓋子，且同樣是無形的，受制於人們關於可能與不可能的信念。

我和鮑伯吃飯之前，沒有想到我可以發揮這麼大的潛能來

擴展事業。我根本是蒙著眼睛過生活，所幸鮑伯把眼罩揭開了。

你應該永遠不要停止想像未來，這對領導者太重要了，因為你必須一直維持學習的狀態才能想像未來。一個人愈能增長智慧與覺察力，愈能運用多種觀點來提升願景。1951 年，登山家莫瑞（William Hutchison Murray）出版《蘇格蘭人的喜馬拉雅山探險》（*The Scottish Himalayan Expedition*）一書，書中的一段話是最常被引述關於願景的論述：

一個人在下定決心之前不免會猶豫不決，會有機會退縮，也就永遠沒有效果。所有的計畫（和創作）都有一個基本事實：當一個人確切下定決心做一件事，就連上天都會跟著動起來。可惜不知有多少構想和精彩的計畫，都因為不知道這個事實而被扼殺。

下定決心後，便會發生各種原本不可能發生的事情來幫助這個人。一連串的事件都源自那個決心，激發出有利於這人的各種不可預見的事件、人物、物質的援助，那是任何人做夢都沒想到會碰到的。我學會對歌德的一對詩句懷抱深刻的敬意：不論你能做什麼或夢想你能做什麼，就去做吧！勇氣裡蘊藏天分、堅強和神奇的魔力。

我很喜歡這段話，你可能也有同感。但我們多數人都低估了大膽跨出去之後情況會變得多麼容易。我發現有四個規則會讓人更能夠大膽做夢。

我們常聽人談願景的佛陀性質，主張要探索內在，練習創造性想像（creative visualization）之類的超越性修練（transcendent practices）。這些我都很認同，但願景也有惡棍（或狠角色）的性質。

你要將狠角色的特質帶入願景思考，意思是永遠不要小看自己，要大膽想像你要留給這世界什麼印記。下面介紹的四種想像未來的策略非常有幫助。

**想像未來的四個策略：**

⑴ 你的願景愈宏大，實現起來愈容易

⑵ 永遠談十年後的計畫

⑶ 容許自己失敗

⑷ 大膽但不空洞

下面就來一一深入探討。

# ◑ 策略一：你的願景愈宏大，實現起來愈容易

人們常以為宏大的願景較難達成，失敗率較高。其實未必。

我成為 XPRIZE 基金會創新委員會（Innovation Board）的一員後，有機會認識美國很多最頂尖的願景領導者和富豪——包括戴曼迪斯、安薩里（Anousheh Ansari）、傑恩（Naveen

Jain）等 。他們灌輸給我下面的觀念：

**你的願景愈宏大，實現起來愈容易。**

讓我解釋傑恩給我的訓練。傑恩創立多家 10 億級美元的公司。我們剛認識時，他剛創立 Viome，這家測試腸道菌叢的公司為醫學帶來革新。

他在兩年內讓 Viome 的估計價值增加到 5 億美元，同時獲美國航空暨太空總署（NASA）的 27 億美元大單，要透過他的另一家公司「月球快遞」（Moon Express）將機器人送上月球。他的上一家公司 Infospace 很早就嗅到手機的商機，市值擴大到超過 350 億美元的規模。

這不是一個滿足於小夢想的人。我把傑恩的建議寫在筆記裡。請注意：我完全照他的話寫下來。他的說法非常詩意，說話的方式融合瘋狂科學家的認真和禪僧的智慧。他告訴我⋯⋯

當你去做一件大膽的事，你會發現愈來愈容易，因為你會找到最優秀的人才加入，因為你是在努力解決值得解決的問題！你不僅具有磁吸力，還會得到**金錢**，因為投資人會找上門。但你會告訴他們，你不需要他們的錢。接著他們會像群牛狂奔而來！所以你要銷售的是對人類的益處。邪教教主會說要**忠於我**，但企業家會說請**忠於我的理想**。

此所以高明的領導者是激勵別人的專家。傑恩是我所見最

了不起的有遠見的思想家之一。我最欣賞他的一點是他出身寒微，從印度移民美國時一無所有。

他的書《登月》（*Moonshots*）主張永遠要懷抱宏大的願景，大到你的構想本身就足以激發行動力。「不可能的構想因而變得**比較有實現的可能**。」

事實是宏大的構想就是比微小的構想有趣得多，會讓人更想要付諸實踐。如果又不斷有人提醒你記得那個願景，經常引導你進入被鼓舞的狀態，就能縮小阻力，因為你會帶著好奇而不是恐懼嘗試解決問題。

當領導者提出一個非比尋常的願景，要解決重要的問題，團隊間會逐漸累積讓人激昂的動力。

傑恩解釋：「如果 Viome 的使命是要設計一款 app 幫人找尋室友，沒有人會在乎。」

「但 Viome 的願景是要讓疾病成為行為選擇的結果（而不是運氣不好）。」

這個願景吸引了優秀的科學家一起努力。世界上最聰明的人都想要解決大問題，美國聯邦政府甚至特許 Viome 有權使用某些技術，因為該公司的目標是要解決龐大的全球問題。他的太空探索公司月球快遞也是因此才能和 NASA 合作。傑恩認定美國回到月球的時候到了。

「不可能做到」是一種心理狀態。傑恩說：「當一個人相信某種結果不可能實現，那不只是對他而言不可能，會讓其他人也覺得不可能。」

還記得罐子裡的跳蚤嗎？信念是自我實現的預言。如果你

說某件事不可能達成，就不會採取行動，然後就證明了不可能達成，你等於替自己的罐子蓋上蓋子。

如同傑恩所說的，要創造吸引人鼓舞人的願景，領導者的思考必須出自豐裕的角度。讓人驚訝的是，有些專家很會潑冷水。他們往往太訴諸邏輯思考，自以為什麼都懂，拒絕考慮他們不知道的事情。

傑恩說：「你知道的愈少，成功的機會愈大。當你成為專家，你就變成只會追求漸進式的變革。」

要想出一個願景，一定要跳脫邏輯思考。如此有助於避開任何可能已經被設定在你腦中的限制（註：這也是為什麼你在第九章學到的加速與導航技巧非常有用）。

# ◐ 策略二：永遠談十年後的計畫

我在前面幾章談到過這一點。如果你要真正快速向前邁進，吸引對的人才，絕不要談你現在在做的事，而要談你計畫在十年內實現的成果。

2014 年我推出 Mindvalley 大學（個人成長課程的網站），我沒有說我們是「個人成長內容的網路發行商。」那太明顯了，雖然我們當時確實是網路發行商。我說的是我們計畫要成為什麼——我們要**徹底改造全球教育**。

2014 年我們的網站說：

Mindvalley 創立的公司透過各種媒介改革教育，包括數位

出版、線上學習、智慧手機與網路 app、內容、活動等等。我們主張透過教育創新與全齡學習，幫助人們激發全部潛能，營造更健康更快樂的生活。

　　網站也列出我們目前的計畫，但最重要的是列出我們計畫要做的事。包括計畫在 2017 年創立大學，開發適合社區學習的新科技，甚至要成立健康部門。我們還提到 2017 年（四年後）要為政府與財星 500 大企業提供追求健康與幸福的訓練。

　　這些只是夢想。坦白說，我完全不知道要如何達成任何一項。但不知道**方法**無關緊要，重要的是用心於**要做什麼**以及**為什麼要做**，談你的願景時要好像已經在發生了，這樣的思考方式常會變成自我實現的預言。對你的夢想有信心的資金、人才、客戶都會來到你面前。大膽會吸引人。

　　加入你的這些瘋子會幫你擴展使命，一切以等比級數擴大規模。但如果你描述你在做的事，你吸引的就只是要完成職務內容的人。

　　到 2017 年，我們推出 Mindvalley 大學——一如當初所說的。我們推出健康部門，隔年爭取到最早的企業客戶，以及第一個來接受訓練的政府部門。

　　我們也有一些目標沒有如期達成。名為成長探索（Quest）的社區學習平台在 2014 和 2015 失敗了，但 2016 年我們改弦易轍，找到方法讓它復活，後來成為貢獻公司營收 90% 的金雞母。

　　這些都是大膽的目標，我完全不知道要如何達成。但透過

大膽思考，把未來說成彷彿不可避免，你的發展速度會比你選擇小心翼翼侷限現況更快。

這給我們什麼啓示？不要談你正在做的事，而要談你計畫做的事。

別忘了，馬斯克在解釋 SpaceX 時，談的是殖民火星的未來計畫，雖然那是十年甚至更久之後的事。正因爲他能夠言談如此大膽，能夠想像未來，才能吸引世界上最優秀的人才幫他想出**辦法**。

要成功表達你的十年願景，你必須玩一點心理遊戲，問自己：「如果我的公司擴大一千倍會是什麼樣子？」

如果將今天的 Mindvalley 擴大一千倍，全球將有 10 億人接受徹底改造的教育，學習增進健康、智慧與靈性。我們的課程可能會被用在全球財星 100 大公司以及各地的教育體系，教導小孩修習正念與培養自尊，教導大人什麼是覺知教養（conscious parenting）。也就是說，將會有 10 億人活出最好的人生。

想像擴大的情形之後，再想想相反的情況。如果你的公司不存在，這世界會變怎樣？如果你沒有去做你想要的事會怎樣？

舉例來說，如果 Mindvalley 不存在會怎樣？人們仍然壓力很大，小孩還是在學現在學的那套無用的知識，公司繼續像工廠一樣運作，全世界 85% 的人繼續討厭他們的工作。

這樣一比較，你很容易就會看出來**為什麼你要做現在正在做的事**，因爲你不存在和你存在且擴大一千倍有很大的差異。

記住：不要敘述你現在做的事，要敘述你十年後要做的事。要謙虛承認有失敗的可能，但大膽談你的目標。

　　但你要談十年大計，又要專注這一季或這一年的目標，你要如何取得平衡，讓你的團隊有清楚的方向？

　　我很欣賞谷歌、英特爾等大公司使用的「目標與關鍵結果」管理法（OKR，Objectives and Key Results）。我奉為聖經的是杜爾（John Doerr）所寫的《OKR：做最重要的事》（*Measure What Matters*）。杜爾認為，當你為事業或團隊設定目標時，你要創造兩種不同的目標（他稱之為「承諾型目標」（committed objective）與「挑戰型目標」（aspirational objective）。

　　杜爾是谷歌早期的顧問，如同書中所說的，當時他使用的就是這些目標：

　　**承諾型目標**與谷歌的績效指標綁在一起：諸如產品的發行、預訂、人才聘僱、顧客維繫等。管理階層設立的是公司層次的目標，員工則是部門層次的目標。一般而言，這些承諾型目標——如銷售與收入目標——必須在一定時間內完全達成（100%）。

　　**挑戰型目標**則是反映格局較大、風險較高、更趨向未來的構想。這些目標可以源自任何層級，目的是動員整個組織。依照定義，這種目標很難達成。失敗是谷歌的日常（平均失敗率40%）。

最後這部分最容易讓人覺得難以理解。如果我告訴你，我知道有家公司的全部目標有 40% 會失敗，你一定認為這家公司很糟。但谷歌就是這樣，卻一點也不糟。這是谷歌創辦人佩吉（Larry Page）主張的獨特失敗觀。我將這個觀念帶入 Mindvalley，也得到極佳的成果。這就是策略三。

# ◑ 策略三：容許失敗

佩吉是很有意思的人。我很欽佩他的領導風格，除了因為他在谷歌的成就，還有一個理由。我們畢業自同一所大學（密西根大學的電子工程與電腦科學），在校時都參加過一個奇怪的小型夏令營 Leadershape，口號是：「信實領導，忽略不可能，做不平凡的事。」

佩吉是 1992 年參加的，我是 1996 年，那段經驗對我們兩人的人生都有很大的影響。佩吉在 2009 年密西根大學的畢業典禮演講中，分享他從 Leadershape 學到的道理：

我是讀密西根時才真正學會實現夢想的！我知道聽起來有點奇怪，但那是我在一個變成訓練課的夏令營 Leadershape 學到的。他們的口號是「健康地忽略不可能」。這個課程鼓勵我追求當時很瘋狂的構想。

我認為追求野心超大的夢想通常比較容易有進展。我知道聽起來很荒謬，但因為沒有人瘋狂到會去做那件事，就沒有人和你競爭……頂尖人才都想要接受艱鉅的挑戰，谷歌就是如

此……如果要用一句話概括改變世界的方法，我想應該是：永遠努力去做一件讓人振奮到感到不安的事！

「永遠努力去做一件讓人振奮到感到不安的事」，這個概念是下一個規則的精髓。這裡的關鍵字是**不安**。但若要做到這一點，你必須容許自己失敗。

前面說你要談十年大計，又要專注這一季或這一年的目標，要如何取得平衡，找到清楚的方向，佩吉和他的團隊在谷歌發展出一套模式來處理這個問題。他鼓吹一個原則：

你的目標當中，半數應該有 50% 的失敗率。

我們就來分析一下這句話。這表示當你設定一連串目標（OKRs），半數應該等於是擲錢幣。計算一下就知道，這表示任何時候，你的目標只有 60-80% 會達成。

在谷歌，失敗率是 40%。佩吉故意創造這個模式。這讓願景型領導者可以實驗與設定大膽的目標，知道即使沒有達成也不會丟臉或失去什麼。谷歌雖然常失敗，但也製造出非凡的成果，如 Gmail 、YouTube、Google Photos。

瞧，我們常設定錯誤的目標。我們以為重要的是全部達成，以為失敗是很糟糕的事。我們必須改變想法，接受我所謂的 50-50 法則：你的半數目標應該有 50% 的失敗率，唯有如此你才能真正勇於追夢。李小龍說得極好：

*目標未必都要達成，通常只是做爲瞄準的靶心。*

所以請記住，容許自己失敗。爲你和你的團隊設定目標時，要讓達成率實際上只有 60-80%。聽起來似乎違反直覺，但確實有效。

當我看到 Mindvalley 能達成季度目標的 80% 以上，我就知道我們把目標訂得太小了。這便帶引我們到策略四。當你能設定宏大的目標，容許失敗，接著一定要避免設定「空洞」不具體的目標。

# ◑ 策略四：大膽但不流於空洞

我到一間會議室演講，經過走道時看到一面巨大的願景板，我站在那裡仔細看，被上面所寫的夢想震懾到。板子最上面以大字寫著：「我的願景」。

來自五十多國的參與者將他們對未來的願景寫在立可貼上，貼在板子上。多數都是要服務人群，太不可思議了。

- 我的願景是在全世界散播快樂。
- 我的願景是創造更健康的世界。
- 我的願景是改造教養方式。
- 我的願景是創立百萬美元的事業。

參與者有這樣的雄心壯志讓我很感動。

但我注意到一個明顯的現象，寫在上面的是我所謂「空洞」的願景。他們的立意非常棒，但都沒有寫出可以付諸行動的內容。當一個人寫出無法付諸行動的願景，作家兼企業家提爾（Peter Thiel）稱之為「不明確的樂觀主義者」（Indefinite Optimists）。他在傑出作品《從 0 到 1》（*Zero to One*）裡讓這個標籤流行起來。不明確的樂觀主義者相信這世界會愈來愈好，但完全不知道那要如何發生，只是祈望會如此。他們等待別人站出來做什麼事。

　　他還定義另一個名詞：「明確的樂觀主義者」（Definite Optimist）。這些人是思想大膽且貫徹到底的領導者，選擇參與影響未來的發展，決定自己掌控願景的落實，並且會設定驚人的數十年目標來促成世界的巨大改變。

　　不明確的樂觀主義者會說：「我的夢想是促成教育的變革。」

　　明確的樂觀主義者會說：「我的夢想是促成教育的變革。這是我實現計畫的四個 OKR。」

　　任何願景要向前推動，都必須能夠付諸行動。第一，構想者必須真地相信可以實現，必須自己受到鼓舞。但裡面還要有務實的成分，必須有可測量的終極目標。這和運動很類似，當你參與某項運動並贏了，那就是一個終極目標。

　　所以，如果你想要改變教育，你必須把這個最高目標分解。我採用的是 OKR 的概念。

　　我們要如何大膽構想但不流於「空洞」？

第一步：**首先寫下你的核心目的**：試舉 Mindvalley 的核心目的為例：「透過靈性、政治、教育、工作與教養的變革，促進人類的意識到 2038 年實現有史以來最大規模的增進。」

第二步：**將你的核心目的分解為挑戰型目標**：Mindvalley 的四個 OKR 可以做為範例：

**要實現我們的核心目的，二十年後我們會做到……**

1. 創造人類蛻變成長的最佳經驗
2. 讓 Mindvalley 成為全球最大的蛻變成長組織
3. 創造讓人變得更好更快樂的職場
4. 透過政府與教育，提升全國民眾對這方面的重視

但光是上面這幾點**還是**太模糊，必須進一步釐清。上面每一個挑戰型 OKR 必須再分解成**可測量的結果**。這就是第三步。

第三步：**創造十年、三年、一年和一季的可測量關鍵結果**：我們來看看上面的 OKR 第三點：「創造讓人變得更好更快樂的職場。」

這是挑戰型目標，表達我們希望改變工作的性質，將職場營造成為我們能夠發光發熱的地方。簡而言之，就是將本書所介紹的觀念帶給世界各地成千上萬的人。

我們將 OKR 變成一系列的關鍵結果，要在我們認為很重要的時限內分別完成。

我要從十年願景談起，然後分解成「三年」、「一年」、

「一季」，結果就成了這樣：

**三年願景：到 2022 年一月**

1. 與財星 500 大企業的每家公司合作。

2. 改變全世界 10000 家公司的文化。

**一年願景：到 2020 年一月**

1. 打進員工 500 人以下的 200 家公司。

2. 簽下 7 家跨國公司。

**一季願景：2019 年第三季**

1. 完成本書草稿並提交出去

2. 推出商用 Mindvalley 的新 app 功能，擁有 1000 名付費顧客。

　　請注意，上面的每一條都確實可測量。這讓人可以清楚掌握，同時也有專注努力的目標，因爲我們通常在每一段時間只列出 3-5 個 OKR（這一點很重要：每一段時間只設定 3-5 個 OKR）。

　　如果你對這個 OKR 的觀念有興趣，我就這個主題製作了 2 小時的談話，可以引導你設定你的 OKR，讀者可以在「Mindvalley Talks」YouTube 頻道找到。上網 mindvalley.com/ badass 可找到連結。

　　當你在職場上擁抱想像未來的概念，很多事情都會改變。但一個很大的改變是兩種人之間會出現衝突，一種人自然而然會思考多年後的事，一種人專注在今天該做的事。這兩種人對健康的團隊都是必要的，但只有前一種應該擔任團隊的領導

者。我可是吃了苦頭才學到這個道理。

## ◑ 願景式領導的藝術

2017 年，我意識到我沒有參加每週的管理會議。這些會議很重要，Mindvalley 的主要經理都會參加，討論他們的團隊、進度、績效問題等等。會議很重要，但我開始覺得無聊，浪費時間。我以為只有我這樣，之後才注意到，我的團隊中很多最優秀的人也沒參加。

有一天我叫住幾位經理，問為什麼。其中一位說：「我從會議中得不到任何有用的東西。」

「我有產品要製作，我的團隊很厲害。我不想要聽其他經理抱怨有人績效差，或鬼打牆爭辯一些我很樂意讓人資部決定的事。就讓我做我的產品就好了。」

他們說得對。創新是 Mindvalley 的血脈，這時創新速度已經放慢下來，讓人擔憂。我們的一些團隊還在創新，推動公司向前走，但有些團隊停滯不前。這些團隊少了衝勁。

我明白問題所在了，我們犯了一個錯誤，現在選經理都是看**管理**能力，而不是看**領導**能力。

兩者大不相同。要知道，領導的重點不是管理，而是要建立一個在工作中深受鼓舞而根本不需要管理的團隊。賈伯斯說得最中肯：

「最優秀的人才都會自我管理，不需要被管理。他們一旦知道要做什麼，就會找出方法……他們需要的是共同的願景，

而這就是領導的意義……所謂領導者必須有一個願景，能夠表達願景讓周遭的人都了解，並對共同的願景產生共識。」

我們在 Mindvalley 做錯了，我們讓管理者（而不是有遠見的思想者）管理團隊。有些情況下雖然是由有遠見的人管理團隊，卻因為管理上的瑣事綁手綁腳，幾乎沒有時間管什麼願景。

我發現很多團隊領導者並沒有把重點放在創新、新科技或改變世界，而是放在不重要甚至無關大局的瑣碎小事。2017年8月，我決定改善這個問題。我換掉 Mindvalley 半數團隊的領導者。我清楚告訴同仁，團隊的領導者必須是有遠見的思想者。這促成了人事大異動，一些人獲拔擢，一些人離開，一些人轉換角色。最後我找到一些有遠見的優秀人才，成為現在的團隊領導者。

如果團隊夠大，我不希望領導者因為管理責任綁手綁腳，因此我配給他們一個經理來處理必要的管理工作。但團隊領導者是負責指引方向的人，因此具備願景式領導特質非常重要。

公司在短短一年內便脫胎換骨。到 2019 年 8 月，我們的營收較前一年同期成長近 70%，那是長期以來成長幅度最大的一年。不僅如此，所有員工的幸福指標都提高了。我們的員工淨推薦值（eNPS，衡量員工的滿意度）上升將近 50%。留任率也大幅提高，員工留任更久，表現更優異。

席德曼（Dov Seidman）在《怎麼做比做什麼更重要》（HOW）一書裡的描述很直接，稱之為「想像未來的性格」（Envisioning the Future Disposition）。意思是真正的領導者

會放眼未來，不會眼光短淺，一味講求短期成果。席德曼在書中寫道：

　　具備領導氣質的人在腦中對自己、正在處理的事情、共事的人都會想像更美好的未來。領導始於願景，領導者每一刻都在想像未來。你可以想像科技平台的某個特色，或想像全新的產品，或只是想像某種方法讓別人過得稍微好一點。你可以創造新的願景，或擁抱別人的願景，將之納為己用。

　　如果你沒有願景，你會忽略「怎麼做比做什麼更重要」，成了短視的管理者：追著任務跑，唯命是從，執著且侷限於眼前看得到的東西。短視的管理者本性被動反應，常常在滅火，而不是點燃火炬照亮前路。這是防衛性的姿態，心思比較放在安撫別人，而不是激發別人的興趣。

　　短視的管理者假定別人都需要規則、程序、監督才能有好的表現。有時候確實是如此。但如果你已經選擇了優秀的人才，也有正確的價值觀，別人就會自我管理。他們需要你提供的是願景和清楚的方向。如果你的願景很大膽很有雄心壯志，那就好像在你的團隊腳下點燃火箭推進器一樣。

　　麥寇德（Patty McCord）從 1998 年到 2012 年擔任網飛的人才長（chief talent officer），她在《給力》（Powerful）一書中寫道：「建立優異的團隊不是靠誘因、程序或福利，而是要聘僱有才幹、一心想要承擔挑戰的成熟大人，然後不斷清楚地告訴他們要承擔的是什麼挑戰。」

當你採行願景式領導，瑣碎的細節都變得不那麼必要，因為人們是被願景所驅動。這樣的領導者自然而然能夠排除障礙。願景式領導會讓人上癮，因為會讓組織的各個領域都賣力追求最優異的表現。

2013 年我去參觀 SpaceX，約略看見願景思考如何從領導者擴及整個組織。和馬斯克見面後，我們受邀到 SpaceX 的員工餐廳吃飯。餐廳就在建物入口，我們的上方聳立著玻璃辦公室，馬斯克和他的團隊會在裡面的「任務管制中心」觀看發射火箭的進度。

我注意到餐廳的地磚有種神祕的吸引力。負責招待的人是 SpaceX 團隊的成員，他解釋說：「看到那些地磚了嗎？馬斯克剛來時很討厭那些地磚，因為顏色不對，無法正確反射光線。他找建築工人把地磚都挖掉，重新鋪設到正確為止。他要地磚以最正確的角度反射任務管制中心。」

願景式領導者在公司的每個部分都能激發卓越的表現——是的，包括餐廳的地磚。當我們將這一點列為 Mindvalley 的主要原則，其他部門也紛紛加入。我們的辦公室在 2017 年還很漂亮，但那是 2009 年建的，是到了該升級的時候了。我聘請工作空間設計師邁爾斯（Luke Anthony Myers）負責這件事。他的工作是確保我們的辦公室升級後，讓人產生五星級的工作經驗。由於願景式領導風格已擴散到整個公司，邁爾斯熱烈擁抱這個概念。他設定一個目標：新的工作空間要漂亮到讓《企業雜誌》（Inc.）將我們列為全球十大最漂亮的辦公室。

邁爾斯拿到一筆預算，受命設計能得獎的漂亮空間，也擁

有實現夢想的自由，接著便找來本地的室內設計公司和建築師合作。2018 年 12 月，他為我們揭幕新辦公室，真地讓人眼睛一亮。他的靈感來自高第（Antoni Gaudí）設計的巴塞隆納聖家堂（Sagrada Familia），使用彩色玻璃和鋼架創造現代感十足的空間，稱之為「光之殿堂」。

從地板到桌子的設計全部更新。2019 年 8 月，真的獲《企業雜誌》評選為全球十大最漂亮的辦公室。那一天，邁爾斯含著淚對我說：「你知道嗎，這個月之前的這三年，我在墨爾本是無家可歸的人。謝謝你讓我做這麼大的夢。」我完全不知道他無家可歸，他的成就讓我為他感到很驕傲。

這就是願景式領導對組織的影響，能讓人發揮最好的一面，拿出最優異的表現。此所以到今天，我在挑選資深領導者時，主要是看這人是否具備想像未來的能力。

# ◑ 善鼓舞人的未來領導者

願景式領導者會激發部屬的興趣，鼓舞他們，幫助他們成長，還能將願景烙印在別人腦中。這是很微妙的技能，但如果做得對，確實可以促成全面的改變。這樣的領導者能讓別人和他一樣勇於夢想——這也就是鮑伯對我做的事。2019 年我見證了另一位願景式領導者做同樣的事。

大家都知道布蘭森是一個有遠見的企業家，常會展示特技，如果像他這樣的人向你提出瘋狂的挑戰——你會接受嗎？某個週四晚上我就接到他的挑戰，當時我在內克島參加同僚互

相指導聚會。布蘭森在餐會上隨口宣告一件事，讓大家措手不及。他拿叉子敲玻璃杯三下，站起來，所有的人都安靜下來後，他宣布：「明天早上六點我會到海邊。我要從內克島游到蚊子島，總長五公里。我要邀請有興趣的人一起來。」

早上六點我到海邊，布蘭森已集結了另外六個瘋子。游泳不是我的強項，我打算安全地坐在船上跟過去。我喜歡攝影，心想我可以負責攝影。我已經好幾年沒有游泳了。

但這時布蘭森說：「大家看那邊。」

漂亮的雙彩虹出現在蚊子島上方，彷彿宇宙在嘲弄我。我認為這是要我克服愚蠢恐懼的訊號，於是我真地跳入深水區。

五公里，兩小時，我還是個不善泳的人。

我想我死不了。布蘭森就像超級英雄，什麼都殺不死他。這人是出了名勇於對抗死神的特技表演者，他有 76 次瀕死經驗。69 歲的他發現忘了帶泳鏡，淡定地一路仰泳過去。他的處事方式讓我們沒有藉口不做。

總之我們都游了，我勉力游了 2400 公尺，部分路程在船上休息。最後幾公里得小心通過靠近蚊子島的礁石，那是最困難的。

最後的冠軍是我的朋友史蒂芬妮‧法爾（Stephanie Farr）——超前所有人將近 300 公尺。我們終於抵達蚊子島，迎接我們的是布蘭森的家人，請我們吃了一頓豐盛的早餐。我們以為跨島游泳已經夠瘋狂了，但布蘭森就像所有的高明領導者，當你正在超前時他不會讓你停下來。他說服史蒂芬妮嘗試逆流一路**游回**內克島。在布蘭森的「同儕壓力」下，史蒂芬妮

眞地游回去。

讓我佩服的是布蘭森激勵她的**方式**。

吃早餐前，布蘭森爲史蒂芬妮的成功舉杯，恭賀她、感謝她，堅持要一起合照。然後他說：「我等不及要看妳游回去時速度多快。」

布蘭森在事實成眞之前創造未來。他誘引她接受一項挑戰，讓她對自己的能耐產生新的體驗，擴展她對於自我潛能的認知。同時他表現出對她的信心。她同意游回去，也成了我們所知道第一個在內克島和蚊子島之間來回游泳的人。

這就是爲另一個人想像未來的藝術，威力強大。這還有個名稱：預設結果（Presupposed Close）。

他預設她會接受挑戰而且成功做到。他爲她塑造出克服挑戰的畫面，在她腦中這個畫面非常具象，以致她別無選擇只能答應。

我認識史蒂芬妮，知道她很高興自己答應了。這小小的互動讓我想起一個非常有力量的啓示：高明的領導者不會讓你變得自大或太舒適，會促使你推著自己往前走。有他們在，你會去做以前以爲不可能做到的事。

## ◑ 結語：你的願景是什麼？

當你在思考你的願景時，我想要和你分享我的朋友麗莎 · 尼可斯（Lisa Nichols）的一段話。她是我見過最能激勵人心的演講者之一。她是優秀的作家，也是第二位讓公司上市

的黑人女性創業家。

在我舉辦的一次活動中，麗莎發表一篇讓人熱血沸騰的口述詩，內容是當別人想要壓抑你的光芒時，你一定要活出你的願景。我聽了非常感動，因此徵得麗莎的同意在此分享。我就以這篇動人的詩作為結語，提醒讀者永遠忠於你的願景。

## 不要隱藏你的光芒——麗莎・尼可斯

也許世界不允許你在這裡，但你並沒有要求允許。有時候你必須停止要求這世界允許，你只是告知。

我要鼓勵你告知世人你來了，告知世人你在這裡。

告知世人，你當乖乖牌太久——是該展現本色的時候了。

告知世人不卑不亢的你誕生了。

告知世人不妥協的你誕生了。

告知世人如果他們受不了你太炫目——你不會再壓抑你的光芒。

**他們**可以選擇戴上太陽眼鏡。

因為當你變得膽大妄為，無所畏懼，理直氣壯，你會突然變得極具**感染力**。

突然間，僅僅是窺見你的光彩，僅僅是匆匆看一眼你的身影，僅僅是在你的周圍、感染你的氛圍、與你身處同一座城市，就會促使我發生改變，因為**你**在我左近。

然後你對這一生的任務有了通透的了解，原來你來是要拯救我們。

你來是要以你行走世間的方式鼓舞我們，

因為你能超越自己的不安，

因為你能超越宗教對話、文化對話、經濟對話、性別對話，

因為你能站出來問：「我要如何服務人群？」

因為你能體悟你有不可摧折的人性，

不被動搖，

勢不可擋。

你的性靈只是請你給他一個指示。

我們接下來要服務誰？

接下來要做什麼，要征服哪一座山？

當你明瞭一切，抱著這份明瞭做人做事，突然間你變得深具感染力，人們紛紛想要來到你的身邊，和你呼吸同樣的空氣。

因為你讓他們再次相信。

所以告訴我，**你的**願景是什麼？

## ◐ 本章概要

### 現實認知模式

我創造了一個名詞：美麗的破壞。意思很簡單：有時候你必須破壞掉生活中**差強人意**的部分，讓**真正美好的**東西進來。高明的願景領導者就是擁抱這樣的觀點。

記住普羅克特的規則：「問題不在於：你是否有資格達成

你的目標？問題是：你的目標是否值得你追求？」

　　大膽的願景能鼓舞人、讓人產生動力、促使人付諸行動。所以你的眼光要放大。永遠要想像未來，也就是想出一個好點子。一切就是這樣開始的，這是讓**無形的**概念變得具體的第一步。此外，要記住太微小的願景會限制住整個團隊。因此，想像未來時要記住四個策略：

⑴你的願景愈宏大，實現起來愈容易

⑵永遠談十年後的計畫

⑶容許自己失敗

⑷大膽但不空洞

　　傑恩說：「當你做一件大膽的事，事情會變得更容易。因為你會找到最優秀的人才加入，因為你要解決的是值得解決的問題！」所以要把膽子放大，做一個明確的樂觀主義者，一個思想大膽且能貫徹實踐的人。

　　因此你要談未來十年要做的事，你會發現這很容易變成自我實現的預言。你相信自己會達成什麼，你的行為就會符合那個目標。

　　你要全心投入最重要的目標。失敗是不可避免的，但並不是壞事，失敗是你的反饋機制。永遠要善用你從失敗中學到的教訓，持續用心追求你的終極目標。你可能需要調整做法才能達成目標，但要記得欣然接受失敗。

　　你的目標必須是可達成的，因此要大膽但不空洞。永遠要

逆向設定目標。先找出讓你激昂的模糊夢想，然後把它拉回現實。問自己：現在我可以做什麼朝那個目標接近？以這個方式擬定計畫。一定要注意你的目標必須可以測量，要將大目標分解成不久的未來可以實現的小目標，OKR 系統非常有用。

最後一點，記住最高明的願景領導者能讓別人和他一樣大膽夢想。這部分可運用「預設結果」的概念。如果你預期某人有足夠的膽量實際落實他的夢想，你和他說話時必須好像他已經達成那個夢想了。你會驚訝人類能發揮多麼驚人的潛力。

## 生活系統

### 練習一‧落實願景

**第一步**：回到你在第二章創造的鮮明願景。接著想想你要達成哪些大膽的里程碑，才能實現你的願景。把時間拉長十年，問自己：「如果我將我的公司〔或計畫、構想〕放大一千倍，會是什麼樣子？」列出一份清單。

**第二步**：逆向擬定你的清單。想想未來，再回頭省思現在。**你必須先做哪件事，才能朝你希望的結果接近**？如此可幫助你進一步探討 OKR 系統，擬定具體的行動計畫，讓你找到能夠真正實踐夢想的路。要了解 OKR 的運作方式，請回到策略 2-4。你也可以上 YouTube 搜尋「Vishen OKRs」，便可花 90 分鐘惡補 OKR 課程。

**第三步**：到處和每個人分享你的夢想實現計畫。你要對你的目標心心念念，充滿熱情。當你告訴別人時，你的興奮程度應該就好像你已達成目標。你會吸引需要的人，幫助你實現你的構想。你會發現你的目標是自我實現的預言。

　　**第四步**：採取行動。行動才會有結果，沒有行動就沒有結果，所以一定要付諸行動。記住，失敗是不可避免的，但失敗是好事，要把失敗當作你的反饋機制。

# 第八章

# 統一腦的運作模式

重點是溝通與誠實，相信同仁有資格知道事實，並秉持這樣的
態度來對待他們。你不能只說出一半的事實或隱瞞，要以真正
平等的心對待他們，所以你要溝通、溝通再溝通。

——葛斯納（Louis V. Gerstner Jr.），IBM 前執行長

要實現真正宏大的願景需要很多人一起貢獻腦力，整個團
隊的行動必須像一個統一的超級大腦。有史以來第一次，我們
有絕佳的工具可以做到這一點。但多數團隊的作業方式仍侷限
於古老的合作體系。當你學會創造統一的大腦，你就能展現驚
人的速度和高超的技能。

2019 年夏天，我和人資長坐下來討論。我說：「基爾，你知道嗎？我想我不要再當執行長了。」

伊齊基爾（Ezekiel）（我稱他基爾）天生善於掌握組織的脈動。他微笑說：「我也在想同樣的事。」

我就是從那一天開始拿掉我名字上的那個標籤。我告訴我的團隊，不要再叫我執行長。我丟掉名片，更新我的社交媒體帳戶，請每個人把我想成 Mindvalley 的創辦人。

角色本來就是人造的。人類是資訊處理器，我們是「製造意義的機器」。頭銜只是快速解讀資訊並加以整理、分類的實用工具。**母親、父親、參議員、上校、拉比、老師、校長**，這些只是用以描述一堆特質的文字，同時讓當事人知道該表現何種行為，讓周遭的人知所應對。

當兩個人平等共事，尊重但忽視彼此的位階，可能的發展不可限量。

執行長的標籤有助於向世人解釋我的角色，在我的公司裡卻很有害。很多同事把我和其他人區隔開，認為我**和他們不同**。標籤的解讀影響別人對待我的方式，以及我的應對方式，因為關係是互相的。

如果一個人對執行長的一般印象是，「**執行長太忙碌，沒時間和我說話**」，或「**執行長都是渾蛋**」，或「**執行長在乎事業甚於在乎人**」，這類觀感會影響他們的行為。在這所有的情況下，他們會傾向於避開、討厭、疏離我。

因此，如同預期的，當我將頭銜改為創辦人，我和同仁的關係便改變了。Mindvalley 的創新、快樂、好玩的程度跟著大

爆發。

多數人認為創辦人比執行長更可親。名稱本身暗示白手起家的故事，經歷過辛苦的歲月，奮鬥過程曾經夢想破滅，也曾意外得到成功。每一個新創事業都有過瀕死經驗。換了頭銜後讓人覺得我更有人性，雖然實際上我的行為、價值觀和信念完全沒有改變。

我撰寫本章時，到谷歌搜尋「執行長的故事」和「創辦人的故事」，比較媒體分別如何描述兩種身分。搜尋「執行長的故事」得到的第一則新聞：

新創公司 NPM 專為 1100 萬開發者提供關鍵服務，執行長在任職一年期間爭議不斷，於今辭職。

這是醜聞報導。一個執行長因為開除參與工會活動的員工被批評，最後不得不辭職。接下來再搜尋「創辦人的故事」，第一個結果是：

網飛創辦人之一倫道夫（Marc Randolph）談公司的草創時期、串流大戰與未來走向。

這是勇氣與希望的故事，說的是網飛如何從很敢拚但差點做不起來的新創事業，發展成價值 1.3 億美元的巨頭。

那麼我們公司還有執行長嗎？當然，我還是主要的決策者，但實際上已經沒有執行長這個職位，我們有的是**統一腦**。

每個人的運作方式就像神經元來回傳遞訊息，但展現出來的是移動的單一個體。讓我解釋這種工作方式為什麼很了不起。

# ◑ 構想交流與腦力結合

構想對大腦的影響就像讓人快樂的藥物。當大腦處於靈感勃發的狀態，會釋出大量的多巴胺和血清素。此所以想到聰明的點子會讓人異常快樂，與人分享的感覺更棒。這種經驗就像你小時候站在冰淇淋店的櫃台前。你要一球巧克力，店員問你要不要多一球。於是你抓住這個很棒的點子，要了草莓冰淇淋。現在你享受到的是巧克力加草莓的甜美滋味，比你原先想像的精彩多了。

這種靈感乍現的構想融合有一個現代的名詞，**構想交流**（idea sex）。意思是兩個人各自有一個構想，結合起來變成一個新的超級構想。

當人們分享構想或想到很棒的構想，會興起言語難以形容的驚喜讚嘆，現在還有一個名詞專門描述這個現象：腦力結合（brain coupling）。席爾瓦（Jason Silva）是國家地理頻道當紅電視系列節目「腦力大挑戰」（Brain Games）的主持人，獲艾美獎提名，他這樣解釋腦力結合：

> 我們都體驗過真正與某人連結的感覺，對吧？你新認識一個人，很有意思的人，在他身旁讓你感覺像被催眠一樣，完全被迷住。你們開始交談，分享彼此的故事，感覺非常契合，就

像心有靈犀一點通，氣味相投，頻率相當。

這種互動很吸引人，也很難形容。但我們多數人都經歷過，也都會覺得很棒。神經科學的研究告訴我們這是有理由的。當兩個人因為一個構想而興奮，大腦也是如此。一項研究讓人連接到功能性磁振造影（fMRI）機器，以便觀察腦部的狀況。結果顯示兩人的大腦會同步反應——真的是頻率相同。

席爾瓦說：「當我們想與另一個人進一步互相了解時，就是在尋找這種感覺。『我真地很希望和你腦力結合，你願意嗎？』我們可以儘管略過閒聊，直接進入內在主觀的狂喜。」

此所以統一腦的模式非常有效，而且好玩很多。在這樣的環境中工作讓人充滿活力。任何人都可以創造統一腦的工作環境，甚至不必侷限在工作上，還可以擴及家庭、社群團體、朋友、非營利事業等。接下來就讓我告訴你統一腦的運作方式，以及如何建造你的統一腦。

## ◑ 統一腦的力量

科技的演變很快速，但多數公司的運作方式仍然和 2000 年代差不多。

2019 年某個週日早上，我體驗到科技的神速發展。我剛買了一台蘋果 HomePod 要放在我的房間，我女兒伊芙先前已學會叫它播放歌曲和講笑話（讓人驚訝的是，HomePod 的 Siri 真的蠻有幽默感的）。當時的伊芙就像所有聰明的 5 歲小孩，

開始自己學習這項科技的強大力量。她學會要 Siri 傳送訊息，還模仿她老爸傳給 Mindvalley 的團隊。

於是，我的一群團隊在某個星期日早上八點，收到執行長傳來這樣的訊息：「告訴我關於獨角獸的一切！獨角獸是真的嗎？真的存在嗎？」

我的一些團隊成員現在認為執行長週日早上嗑藥正嗨。我不得不發布公告：「那是伊芙發的。澄清一下，我沒有迷獨角獸，也沒有在週日早上嗑藥。感謝諒解。」

但你瞧，科技會以讓人著迷的神奇方式把人連結在一起，而且徹底改變我們做決策與分享構想的能力。

任何時候我都會用智慧手機與 25% 的同仁對話──包括股東、顧問、契約工和作者，總共大約 400 人。我的 WhatsApp 通常會有來自這個網絡的上百通訊息要回應。聽起來也許很誇張，但接下來發生的事更特別。

我不再打電話，也縮減會議次數，多數「上班」時間都在腦力激盪和清除障礙，以利決策的形成。我的工作是**加速**構想的流動，讓事業不斷快速成長、進步和創新。

減少會議和不打電話也代表減少浪費時間。這讓我有時間可以寫作，陪伴孩子，四處旅遊，管理每年成長超過 50% 的三百人企業。這就是統一腦模式的精髓。我的職責是確保整個公司的專業人才能取得資料、互相連結、掌握所需的資訊以利做出最佳決策。

如果你要將統一腦模式帶入你的公司，不論是一人公司或剛開始聘人或員工數千人，都要採取兩個步驟：

⑴打破階級，創造對的信念

⑵引入 OODA

　　記住，如果你服務於較大的組織，你不需要將統一腦的模式運用在整間公司。做為隱形領導者，你可以將這套模式用在較小的團隊，也可將這個觀念帶進你的人際關係、家人和社群。

## 1. 打破階級，創造對的信念

　　我們多數人所受的訓練都是遵循過時的指揮鏈（chain of command），團隊是由技能類似的人組成的，部屬向上司報告。採取統一腦模式的第一步就是顛覆階級觀。多數公司和在公司裡工作的人都以為，構想必須透過一般的指揮鏈流動。類似下圖：

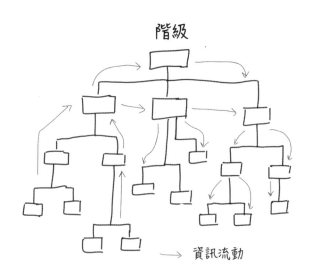

但構想的流動必須不受公司的階級所限，應該像下列模型比較適合：

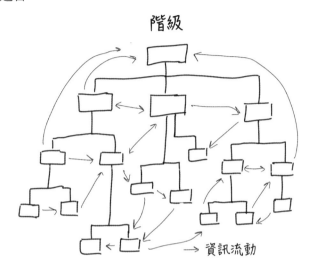

皮克斯（Pixar）總裁卡特莫爾（Ed Catmull）在他所寫的《創意電力公司》（*Creativity, Inc.*）一書中，解釋皮克斯如何讓員工之間的傳統界線模糊化，從而開啓更高層次的合作、靈感和創新。關鍵就在於教導人們，公司的層級和構想的層級有不同的流通方式。卡特莫爾寫道：

> 製作電影要用到數百人，指揮鏈是必要的……但我們犯了一個錯誤，將溝通結構和組織結構混爲一談。動畫師當然必須能直接和模型師談話，不需要先向他的主管報告。因此我們將全公司的人找來，告訴大家：「從現在開始，任何人都能找任何人談話，不論階級或時間，也不必擔憂被責怪。」

溝通不再需要透過階級管道。資訊交流對我們的事業當然很重要，但我相信資訊的交流可以——通常也應該——不受階級限制，不必讓人搞到抓狂。過去總認為一切一定要按照「對的」順序，透過「正確的」管道，但相較之下，讓每個人可以直接互相交談，事後再讓主管知道，效率更高。

新的做法很有效，還額外多了意料之外的好處：思考問題與因應問題的過程讓人充滿幹勁，很有成就感。我們體悟到，皮克斯的目標不只是蓋一座攝影棚，製作大受歡迎的影片，還要培養出勇於不斷提出問題的創意文化。

卡特莫爾注意到，皮克斯的階級迷思阻礙了構想的流動，2014 年我也注意到 Mindvalley 有同樣的狀況。我們是比較小的公司，員工大約 100 人。我們的問題是員工來自世界各地，對於階級和工作方式各有獨特的文化觀念。

2014 年，我寫下一份備忘給我的團隊，指出質疑信念的重要性。這是我自己念茲在茲的觀念，也是擴展事業的關鍵元素。若一味抱著舊觀念，便很難激發創新。

## 我寫給團隊的備忘

寄發日期：2014 年 11 月 27 日

各位同仁：

信念確實是很有趣的東西。我們常會依據自己的假定抱持某些觀念，或因為那些觀念來自某個權威人物，告訴我們這世

界是如何如何。但我們這麼做往往並沒有自己真地去評估那些信念。

科學家馬斯頓（Paul Marsden）稱之為「迷因學與社會制約」（Memetics and Social Conditioning）。這個有趣的現象可以解釋我們為什麼擁抱宗教，相信與某些政治人物相關的敘述，或支持國族認同。馬斯頓是這樣說的：「證據顯示我們會承繼與傳播行為、情感、信念、宗教等，不是透過理性選擇，而是因為被感染。當我們不確定如何因應某種刺激或狀況，這些理論告訴我們，最好主動從別人那裡獲得引導，有意識地模仿他們。」

想想馬斯頓的話，以及如何適用於 Mindvalley 這樣的公司。他的意思是，當你不確定該如何因應某種情況時，你可能便會採用**別人的看法和信念**。

Mindvalley 的每個新進同仁都有這樣的經驗。關於如何在這裡工作、如何和我互動、他們的經理或領導者似乎有哪些性格特質等等，他們會採信某些說法（不論真偽）。問題是其中很多說法在現實中並未被驗證，沒有具體證據可以支撐。

但我們**信以為真**的事就會變成事實。我們隨時都在創造自己的現實，沒有例外，下面是我最近學到的教訓。

昨天我和新進人員有過兩次咖啡會談，討論他們的經驗、角色、如何在公司裡成長等等。

其中一位，亞莉珊德拉說：「我剛進來時，問別人我能不能和你說話，他們說：『維申只會和比較有經驗的人談話，因為他太忙碌，不會有時間和新進人員談話。』」

還有……

「我問一些人，能不能向你抱怨我申請住宿協助計畫的不好經驗，他們說：『哈，祝妳可以幸運爭取到他的時間——他超忙的，忙更重要的事。』」

這一切有點好笑，因為和事實恰恰相反。

1. 我不僅經常和新進人員見面，還會記得他們的三大問，並運用三大問幫他們設計發展計畫。

2. 我非常關切住房的事，還因此在週一更改人資住房政策，確保新進人員遷居這裡時不會在居住方面碰到難題。


但亞莉珊德拉受到感染，相信了一些關於我的不實傳言，那些不實的傳言真地會讓人裹足不前（disempowering）。如果她不夠成熟，可能便會依據這些傳言行事，絕不會找我喝咖啡。

所以我們都要記住……

人類是很複雜的，除非你真正了解我，否則就會有你不了解的地方。請不要假定 Mindvalley 任何人一定會表現某種會讓你裹足不前的行為或具備某種特質，這樣對任何人都不公平。

更糟糕的，請不要拿那種會讓人裹足不前的信念感染別人的思想。自行假設是**危險的**。如果你有某些讓你裹足不前的想法，你要加以質疑。找那人喝咖啡，說出你的想法，勇於提出你的建議（建議或甚至抱怨都不是負面的——只是幫助我們變得更好的資訊）。

我要提醒你：當你這樣做時，可能偶爾會被對方拒絕。

**但你要再試一次。**

我曾問一個人（姑且稱之為貝拉），她來 Mindvalley 好幾年了，為什麼從來沒有找我吃飯，直到我明確要求共餐。她說她確實找過一次，但另一人也找我吃飯，最後我選擇和另一人（姑且稱之為杜克）而不是她共餐。於是，之後**兩年**，她便假定我不在乎她。

我根本不記得這件事，於是我回頭查看我的谷歌日曆記錄。發現兩年前的那天兩個人都約我吃飯，我選擇杜克是因為他正陷入某種危機，需要我的協助。

但**兩年來**，貝拉不再找我吃飯，因為她對那件事的解讀讓她裹足不前。而這段時間我一直想和她吃飯，因為我對她的評價很高。我們最後終於一起吃飯，度過很愉快的時光。附註：八年後的今天貝拉仍在 Mindvalley，而且是我們最忠誠的員工之一。

但一個簡單的假定便讓她開不了口。

你也發生過同樣的事嗎？如果是，我不怪你。

我們每個人都有某種不安全感。我 10 幾歲時臉上長了很多青春痘，帶著厚厚的眼鏡，度數已達法律認定的眼盲標準。我從 13-17 歲，和「朋友」出去的次數總共不超過五次。我以為別人覺得我很醜很無趣，因此從不主動和人社交，社交能力是零，非常沒有自信。我相信自己不討人喜歡。

我的所作所為都依循這樣的信念。

如果你壓抑自己不說出你的想法，或你的擔憂，或對真正重要的事情不滿卻在心裡抱怨，或你只是需要事業上的建

議……我希望你們知道：

**我很在乎**。**我們都很在乎**。我們就在你身旁，絕對會找出時間幫你。

*Mindvalley* 能夠強大，是因為我們有這樣的坦白對話，能夠建立真誠的關係。不要低估你的重要性，或假定你的主管沒時間聽你的擔憂或疑問。

**絕不要**對別人抱持會讓你裹足不前的想法。事實上，當你聽到這類想法時，你要加以矯正。你只要提出這樣的問題就可以了：「你是否曾透過明確的證據和調查驗證你的想法？或這只是你偏頗的個人意見，受到基本歸因謬誤（Fundamental Attribution Error）以及童年的不安全感影響，將某種性格特質投射在別人身上？」

你明白我的意思 ;-)

我們只需要遵循一個簡單的原則：

「如果一種信念會讓我裹足不前，我選擇忽略它，改採會讓我產生力量的做法，除非有科學實證可以支撐那個信念，而不只是依據某人的意見。」

你的信念就是你最重要的資產，不是你的技能或你的才智，是你的信念。你要盡可能從最好的角度看待你的工作和你的構想，相信這些都是有價值的。對於你的團隊成員和你自己，也要盡可能從最好的角度看待。

你要選擇相信什麼？

——維申

我希望這份備忘能讓你了解，要創造通力合作的環境，信念非常重要。

## 2. 引入 OODA

我帶入職場的觀念當中，最足以改變遊戲規則的其中一項是 OODA。我去奇點大學（Singularity University）修了一系列關於人工智慧和大腦的課，在其中一堂課學到 OODA。

OODA 代表四個字：Observe-Orient-Decide-Act（觀察 - 調整 - 決定 - 行動）。那是軍事策略專家、美國空軍上校柏伊德（John Boyd）發明的。

簡單的說，柏伊德上校注意到，**最優異的**軍機駕駛也是浪費最多子彈的人。他們射不中的機率比較高，但擊落的敵機比較多。

OODA 說的是透過優化兩件事來加速創新與行動力：

**第一，增加構想分享的量與頻率**。你要創造一種制度，讓人可以輕鬆快速地溝通，加速構想的流動。

**第二，加速決策**。你要依據不完美的構想行動，雖然很多決策可能沒有效果，但還是勝過追求百分之百的勝率卻行動緩慢。

在 Mindvalley，我們以獨特的解讀角度將 OODA 帶到另一個層次。OODA 讓我的生活大幅簡化，現在我待在辦公室的時間不到以前的一半。無論我在路途上、旅行中或寫作時，都可

以和我的團隊溝通，協調構想與執行方式，超乎想像的輕鬆與快速。如果你學會這些工具，你也可以做到。不只是領導者，任何公司裡，凡是想要大膽行動、快速創新、迅速執行的人都可適用這套方法。

OODA 讓我每週開會時間縮減 20 小時，讓我可以用智慧手機經營公司，只需使用 WhatsApp 就可以。我只花 30% 的工作時間在實體電腦上，70% 只用 iPhone 和 WhatsApp。這個方法讓統一腦發揮神效。

我想要分享我每年傳送給團隊作為提醒的另一份備忘，如此最有助於了解 OODA 循環。

## 備忘二：OODA 的力量

各位同仁：

Mindvalley 有一種獨特的元素會讓某些人待不下去，但有些人能發光發熱。這份備忘就是要談這個。

如果你想要在 Mindvalley 有突出的表現，請讀完這一篇，好好吸收進去。因為我**希望**你表現突出。**你的**成功就是我們的集體成功。但先讓我提供一些統計數字：

(1) Mindvalley 今年的營收將比去年成長 60-75%。以一家成立十多年的公司而言，這是很亮眼的成長幅度。

(2) 我們目前的許多業務在一年多以前還不存在。目前營收的 80% 來自兩年前還不存在的產品。

這裡面的重要啟示是：OODA 循環與快速變遷

　　如果你了解這個概念，你會幫助我們整個團隊的工作速度增快很多，也會讓你的工作變得更有趣，因為你將變成計畫的共同創造者，而不是緩慢艱困地單打獨鬥。我分享的觀念常會讓那些來自傳統職場的新進人員產生反抗心理，因為這違背了我們很多人長期以來被社會灌輸的「工作觀」。如果你不了解，你可能會：

⑴覺得你的工作不受重視，你的工作內容因業務改變而沒有存在的價值。

⑵不知道如何建議新構想，因而覺得自己的重要性較低。

⑶不知道為什麼有些人升得比你快。


　　先讓我提供一些背景：

　　2017 年，我注意到自從我們更常用 Slack 取代電郵溝通，我每天實際多出大約 45 分鐘。我認為這是因為往來電郵串減少了，以及決策變得更快速。

　　然後我開始使用 WhatsApp，尤其是語音功能。之後我開始更常旅行，又改成完全利用 WhatsApp 來溝通，每天又多出 1 小時。

　　接著我學到另一個技巧，每天再多出 2 小時。我不再舉行定期的會議，停止所有預定的電話，開始利用 WhatsApp 的影音功能，與我們的三百位團隊成員以及世界各地一百多位作者、客戶、廠商溝通。以前面對面會談可能要花 30 分鐘，現

在可以透過 WhatsApp 交換語音郵件、影片、意見，縮短到只需 3 分鐘。

但主要原因不在 Slack 或 WhatsApp 本身，而是：

**加速決策循環。**

我希望你們思考一件事：我們所有的電郵、會議、電話、Slacks 只是為了**做決策**。如果你可以加速決策流程，工作速度就會快起來。但當然，加速決策流程有時候會導致做出**錯誤的決策**，因為沒有花足夠的時間辯論或分析決策。這要如何兼顧？

2016 年我在奇點大學的一堂人工智慧的課堂上學到這個觀念（參考下圖）。叫做 OODA 循環。下圖可以解釋。

注意看上圖，你會明白 OODA 循環代表下列四件事：觀察／調整／決定／行動。

OODA 這套模式是由空軍軍事策略專家，美國空軍上校柏伊德發明的。柏伊德將這個概念運用在戰鬥流程——通常是軍事行動的策略層次。簡單的說，空軍駕駛若遵循 OODA，比較可能擊落敵機。

基本原則很簡單：**你要快速行動——即使還未能掌握周全的資訊**。依照空軍用語，這表示駕駛應該：

- 觀察敵機。
- 調整方位。
- 決定下一步。
- 當機立斷射擊！

OODA 循環認為應該靠快速的行動致勝，想太多其實不利競爭。OODA 的設計就是要避免分析過多導致無法行動，讓那些駕駛在特定時間內盡可能做最多的決定。

根據維基百科的解釋：OODA 循環在訴訟、商業、軍事策略等方面已成為重要的概念。根據柏伊德的說法，我們都是透過觀察 - 調整 - 決定 - 行動的重複循環做決策。不論個人或組織，只要能快速處理這個循環，比對手更快速觀察狀況的發展並做出反應，就可以「洞悉」對手的決策循環，取得優勢。

簡而言之：你能愈快做決定，並從中學習與進步，獲勝的機會愈大。

但要記住：OODA 循環較快速的飛機駕駛會浪費較多子彈。

因為他射擊的次數較多。

沒射中的次數較多。

但擊落的敵機也比較多。

浪費子彈**沒關係**，因為這樣才能**戰勝**敵人。

我聽過有人說：

「Mindvalley 太浪費了，案子做一做又放棄。」

「我們沒規劃好就先做下去，後面就出狀況了。」

他們說得沒錯，但這是浪費子彈。根據 OODA 哲學，浪費子彈百分百正確，因為你會**擊落更多敵機**。

創新的**速度**是最重要的事。

我不在乎我們的失敗率 40-50%，谷歌的失敗率也是那麼高。李維（Steven Levy）在《Google 總部大揭密》（*In the Plex*）一書裡說，谷歌嘗試過的業務有 40% 都失敗了。（還記得 Google Glass 和 Google Plus 嗎？）

但快速行動讓我們能夠比競爭對手更快速地學習、調整、調適、創新。

失敗完全**沒關係**。事實上，在我們的 OKR 裡失敗被認為是很珍貴的（你的 OKR 當中必須有 50% 的失敗率）。

**失敗沒關係，不夠快很有關係。**

下面就是 OODA 給我們的啟示。


## (1)你要盡全力加速決策循環

如果 80% 確定可以讓你加速行動，那 80% 確定就比 100%

確定更好。同樣處理一個案子，甲團隊一週做出五項 80% 確定的決策，乙團隊做出一項 100% 確定的決策，甲優於乙。我注意到，我們會不夠快，常常是因為決策速度太慢。下面舉幾個例子：

- 假設 A/B 測試（split test）一週後其中一種 90% 勝出，需要再一週才能提高到 95%，那就免去多出的那週，直接採用 90% 確定的版本。我們追求的是**速度**。

- 重要的決策要避免使用電郵，改用 Slack。如果你需要讓我知道，那就找我談或使用 WhatsApp。任何電郵或 Slack 的目的不過是完成一個決策循環。我沒興趣知道你寫多少東西，簡短扼要最好。我要再說一次，速度最重要。

- 你會注意到我最近安排了很多一小時的腦力激盪，為的是加速決策。我們不需等幾個月，弄清楚如何創造手機優化銷售網頁或完美的取消訂閱網頁。我們可以把最聰明的人聚集起來，一小時內弄出相當具體的策略，周全程度 80%。這會讓我們有動力能夠加速行動。

這便帶引到第二點……

## ⑵快速行動，調整，邊做邊學

你認為以下哪種路徑能較佳的達到目標？（下頁圖示）

當然選 A，不是嗎？

因為選 A 可以走最短的路徑直達目標。但現實生活中你永遠無法 100% 知道直達目標的正確路徑，因此現實生活中你必須快速**行動**，邊走邊學。所以 B 才是你在公司（以及社會上）較正確的運作模式。

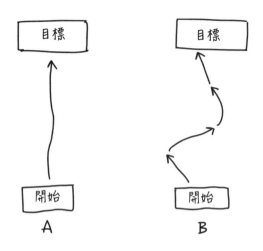

A 是花幾個月推出 podcast，因為要做到完美。

B 是一週推出 podcast，邊做邊朝完美的目標修正。

永遠要擁抱 B，如此才可以更快速推出更好的產品。

做到 A 的完美程度需要數週的規劃，B 比較需要基礎功夫
──但你可能會較快速完成，因為你是**邊做邊學**。這就是
OODA 循環。

所以簡而言之：

你要在尚未掌握充分資訊的情況下行動，過程中一邊調整。
如此你也會創造改變。

你要熱烈擁抱這套做法。

所以**你**可以多快速測試與修正構想？你是 80% 準確就做決
策，但學得很快，或是傻傻等待 95% 準確，以至於在資源
部署、測試與學習等方面難以即時發揮實力？

## ⑶ 快速失敗，經常失敗，從中學習

奇點大學的校長伊斯梅爾（Salim Ismail）到馬來西亞和政府官員會面。他告訴我，他建議首相推動大規模的全國性會議，可取名「失敗會議」之類。他說，首相應在會中頒獎給經歷過最大失敗的企業家。如果我們太害怕失敗，就不會去嘗試。所以他建議我們終結失敗的汙名化。

Mindvalley 從來沒有一位同仁因為實驗失敗被炒魷魚。失敗是很棒的事，讓你變得更聰明。在 Mindvalley，你絕不會因為創新失敗而影響升遷，不嘗試創新則可能讓你升不上去，或升得太慢。

## ⑷ 擁抱快速的創新和改變

我和 Mindvalley 一些新進人員互動時的一大挫折，來自他們原本的文化對於改變懷著很深的恐懼。每年我都會看到有人提出這樣的意見：「我們改變太快了」或「我們『老是』在改變」等等。但讓我問你一個問題，我們改掉的是有效的做法，還是無效的做法？

我們是捨棄可以致勝的做法嗎？或丟掉失利的做法，藉此調整經營模式？我們並不是改變……而是調整。好的公司都在做這件事。

貝佐斯（Jeff Bezos）寫過一篇部落格文章〈聰明人會改變想法〉，文中寫道：「對的人改變想法的頻率高很多。」

貝佐斯接著說，他不認為思想一致是特別正向的特質：「能產生與自己曾有的想法相衝突的觀念更好，甚至是比較健康的。聰明的人會不斷修正自己對事物的了解，重新省思

自己解決過的問題，抱持開放的態度面對新觀點、新資訊、以及與自己的想法相衝突的挑戰。」

Mindvalley 一個月的改變和進化速度，大約相當於多數電腦半年的進化速度。一個核心產品的負責人若是沒有經常和我在 WhatsApp 和 Slack 上溝通，對公司需求的認知和了解在 30 天內就會過時。

容我強調一點：如果你沒有掌握最新資訊，保持連結和溝通，可能會拿到錯誤的資料，做出無效的決定。

### ⑸溝通、溝通再溝通

「重點是溝通與誠實，相信同仁有資格知道事實，並秉持這樣的態度來對待他們。你不能只說出一半的事實或隱瞞，要以真正平等的心對待他們，所以你要溝通、溝通再溝通。」

—— IBM 前執行長葛斯納

此所以在 Mindvalley，所有的 OKR 文件都對所有的人開放，所有的願景文件也同樣開放。你即使在公司只有一天，也有權利編輯其他團隊的願景文件或 OKR 文件。管理團隊自己沒有什麼祕密檔案，可以把願景或計畫另外藏起來不讓所有的人看見。

如果你了解這一點——你就能了解你在這裡的權力。

——維申

統一腦真地很不可思議。當構想可以不受限制地移動，決策又很快速，企業會以驚人的速度進化。但這有一個缺點，當

你朝了不起的願景如此快速前進時,你會忘記平衡,忘記照顧好自己。這就是本書最後一章要探討的問題。

你將學會全新的工作方式,學會融合佛陀和惡棍的特質,爲你的生活創造完美的平衡。

# ◑ 本章概要

## 現實認知模式

構想對大腦的影響就和毒品一樣。大腦處於靈感勃發的狀態時,會釋出大量的多巴胺和血清素。此所以想到聰明的點子會讓人異常快樂,與人分享的感覺更棒,這叫做構想交流。

當兩個人或更多人對同樣的構想產生共鳴,便會發生腦力結合。在這樣的時刻,他們的腦波頻率會高度一致,這種經驗讓人感覺很刺激、快樂且好玩。

如果能尊重每個人的角色,但合作案子時不會一直侷限每個人的角色,又有適當的機制可以加速溝通,那麼任何一群人都可以發揮統一腦的功能。這樣的工作會讓人充滿幹勁。任何人都可以創造統一腦的工作環境,這個模式可以延伸到家庭、社群、朋友和非營利組織。

(1)打破層級,創造對的信念

(2)引入 OODA

# 生活系統

下面的觀念很值得牢牢記住，奉爲準繩：

人類是複雜的生命，除非你眞正了解一個人，否則就會有你不了解的地方。永遠不要假定某人一定有某種會讓你裹足不前的行爲或性格特質，這麼做對誰都不公平。

你可以這樣練習，每當你因某種想法而裹足不前時，就要質疑你看待別人的角度。你要問自己：

這人爲什麼會這樣？

依據他的行爲，我以爲的是事實嗎？

他的生活中是否正發生什麼事？

我和他關係不佳，是因爲我太受他的頭銜影響嗎？

別人對這人有什麼評語或想法？

我可以透過何種讓我產生力量的角度看待這個人或這個情況？

如果我相信每個人本性都是善意的，我現在可以在這人身上看到什麼？

如果你在團體中工作，看到別人也因爲讓人裹足不前的想法而困擾，不妨分享這些問題。因爲我們很容易太執著於自己的看法。提出讓人產生力量的問題能幫助你改變關注的脈絡，

看到的事實會讓你感覺更有掌控力。你可以做這個練習，並幫助別人也這樣做。

## 練習二·引進 OODA

OODA 模式是空軍軍事策略家與美國空軍上校柏伊德發明的。柏伊德將這個概念應用到作戰上──通常是軍事行動的策略層次。簡單的說，空軍飛行員遵循 OODA 時較可能擊落敵機。這個概念很簡單：**行動要快速──即使掌握的資訊還不周全**。依照空軍術語，這表示：

- 觀察敵機。
- 調整方位。
- 決定下一步。
- 果斷開火！

OODA 模式的概念就是靠快速移動致勝，想太多會讓人在競爭時屈居劣勢。OODA 的設計是要避免因過度分析而失去行動力，讓那些飛行員在一定時間內盡可能做最多決策。

**第一步**：回顧上述的備忘二，以便充分了解整個過程。

**第二步**：想想看你可以運用何種訊息系統，讓團隊加速溝通。採用後看看這套方法如何優化你的時間運用與加速創新。

**第三步**：堅守一個原則：「不必做正式的報告，反映你的

想法就好。」。如果要報告審慎思考過的想法，人們可能會想太多而無法合作順暢，也會拖慢創新的速度。相互腦力激盪時稍微混亂沒有關係，創新通常是迭代過程（iterative process；意指逐步微調趨近完美）。

# 第九章

# 提升你的自我認同

人生最重要的不是找到自己，而是創造自己。

——蕭伯納（George Bernard Shaw）

世界就像一面鏡子，你是什麼，它就反映什麼。神奇之處是你可以改變你的自我認同，世界便會順應新的你。但你的改變必須夠徹底，讓你相信這個新的自我認同，以這個新的你過生活。

我在《活出意義》裡分享美麗的破壞這個觀念，意思是你意識到若要進化成為更好的自己，必須先破壞已經建立的東西，才能浮現新的你。我常利用一句話來形容：

人生有些時候必須破壞差強人意的部分，才能讓真正美好的東西進來。

有時候是你選擇美好的破壞，有時候是你被選擇，每一次都會讓人覺得非常可怕。以我為例，我必須改掉舊的行為、人際關係、我已經熟悉的環境，還要面對許多未知數。但每一次都從過往生活的廢墟中出現奇蹟，我的夢想都會實現。

第一次是我離開美國時。我收拾行李，離開我熱愛的國家，回到吉隆坡的家。讀者應當記得第二章讀過這個故事，正因為我拒絕讓形勢決定我的未來，才會有 Mindvalley 後來的大成功。

第二次美麗的破壞是普羅克特指出我的錯誤。我在第七章敘述過這個故事。他說我太小看自己了，他說得對，我立刻停止到處教課。兩年後我推出 A-Fest，成了以變革為主題的盛大節慶，現在已邁入第十年。

我最大的美麗破壞發生在 2008 年（當時我的事業幾近崩毀），從此徹底改變了我的工作方式。下文就會分享這個故事。說實話那次幾乎讓我失去一切，但如果不是那件事，就不會有今天的我，這本書也不會誕生。

每一次我受到啟發而選擇走一條新的道路時，總是膽戰心

驚。每一次都讓我體驗到自我認同的徹底改變，讓我成為全新的人。

然後就是這新的自我認同將我的人生提升到更好的境界。因為你的世界是由你的自我認同形塑的，宇宙會將你的本質回映到你身上。如果你太頑固不肯改變，宇宙便透過美麗的破壞改造你，幫助你進化成為你理應成為的更好的你。

## ◑ 改變自我認同

改變自我認同的意思是大幅改變我們看待自己與世界的關係。我相信真正重要的是自我認同的改變，而不是吸引力法則（Law of Attraction）。

2019 年在葡萄牙，靈性修養大師貝克維斯要在 A-Fest 演講，我們有機會共進早餐，過程中聊到他的哲學，他和我分享他的共鳴法則理論（Law of Resonance）。

他是這樣解釋的：

你瞧，多數人對於所謂吸引力法則的看法並不完整。這世界不會給你你想要或渴望的東西，而是給你真正的你。你的自我認同形塑你的經驗。

貝克維斯說，這就是為什麼這麼多人設定目標或願景板（vision boards）或創造性想像（creative visualization），結果卻失敗了。如果你**想要的**和你的**本質**不符，宇宙會拒絕你。

如果共鳴法則讓自我認同的改變多了靈性的面向，那背後有科學的支撐嗎？

克利爾（James Clear）在精彩好書《原子習慣》（*Atomic Habits*）裡，從偏心理學的角度探討改變行為的最佳方式。他建議不要辛苦地改變習慣，而是要改變你的自我認同，建立一種能讓你完全超越習慣的自我認同。

舉例來說，假設你想成為一個每週上健身房三次而且樂在其中的人，你可以把重心放在結果——好比減重 10 磅，讓身材看起來更好。

或者你可以把重心放在過程，例如每個星期一、三、五設定鬧鐘、醒來，開車到健身房，聘請你能找到的最好的訓練師。但這兩個方法都不容易維持。

如果你要藉由結果或過程來激勵自己，你會發現有時候醒來覺得很想睡很疲倦而不想去健身房。此所以很多人辦了昂貴的健身房會員證後中斷健身，因為根本不足以讓你維持動力。

所以你要把重心放在改變自我認同，努力取得新的自我認同，例如：「我 40 歲，身體健康，擁有性感運動員的身材。」

上健身房的習慣會變得簡單許多。運動員不會想要躺在床上，他的身體會想要動，想要訓練，變得更好。運動員不會懶怠運動。這就是運動員的本色。克利爾認為，透過自我認同的改變來改變行為的效果強大許多。

這個現象可以利用下列的圖來表示：

這又帶回到我的故事。2008 年，我經歷了自我認同的徹底改變。可以預期這讓我原有的世界完全消失，新的更廣闊的

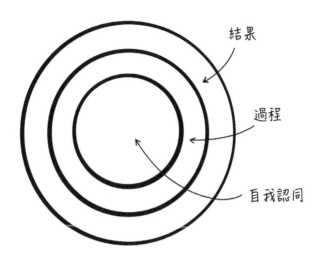

世界於焉展開。

## ❶ 我所認知的工作消失了

2008 年一整年，我數次嚴重失眠，常在焦慮的狀態下醒來，因為我的公司陷入危機，每天都在失血。我有 18 名員工。產業的變遷導致我們的營收引擎失靈，資金快要見底。

加上我初為人父，讓我承擔更高的風險。我的兒子海頓只有七個月大，我的人生不能只顧自己，還有家庭要養。不僅如此，我覺得必須為兒子樹立成功的典範。

我嘗試了所有的經營法則來解決問題，包括找來很優秀的專家，甚至引進一個夥伴來幫忙（一個史丹福企管碩士），但什麼方法都沒有效。於是我決定撤退，我的意思不是放棄，而

是深入我的個人成長研究來尋找答案。

　　我去參加很多關於心態和財富的研討會，飛到聖地牙哥聽希克斯（Esther Hicks）談靈性，研究我最喜歡的老師如沃許（Neale Donald Walsch）所寫的書。花一個月的時間追求既深且廣的個人成長，一心一意要找到答案。

　　我是在一場關於富人心態的研討會上突然領悟的。我發現我一直抱持一種危險的信念，這個信念正在毀滅我的人生，那就是：辛苦工作才可能成功。

　　我生在移民家庭。母親是很認真工作的老師，父親在我13歲時創業，每天辛苦工作到晚上。10幾歲時，我放學後常要到他的倉庫幫忙。我們做的是非常辛苦的工作，像是將一箱箱衣服搬到貨車上，或整理商品裝箱。「要成功就必須辛苦工作」的迷思很自然成了我的一部分自我認同。

　　然後我自己也成為父親。因為我非常敬愛我的父親，我希望也成為海頓的好父親，我決心要早點下班回家陪伴他。

　　我很矛盾，心想：如果我減少工作，我會成為更好的父親。但這樣一來，我就不會成功了。

　　當時，我正竭盡所能讓我的世界不要崩毀。然而我的事業正在崩毀。我對辛苦工作的力量堅信不移，這個信念是如此深植腦中，根本已經和我的自我認同緊緊相連。如果我為了做一個好父親而選擇縮短工作時數，我會有罪惡感，覺得沒有資格得到事業上的成功。這個信念變成真的，因為現實會反映你深信的東西。

在艾克（T. Harv Eker）主持的一場研討會上，我才第一次領悟到我多麼盲目信仰辛苦工作的原則。這一覺醒立刻讓這個原則失去力量。我領悟到辛苦工作和我的成就不太有關係，甚至可能毫無關係。

突然間我的自我認同改變了，舊的信念逐漸消失。

當我改變以前那套綁架我的莫名其妙原則後，我的外在世界立刻快速改變。到了8月，我們的業務量增加一倍。到12月，再增加一倍。8個月內成長了800%。我們的團隊擴增到50人，搬到漂亮的新辦公室。

一年後，我的工作方式完全翻轉。2008年5月我在辦公室做牛做馬，公司卻做到快倒了。到2009年5月，我變成在海邊逍遙。事實上是好幾處海邊，我有21天的時間在世界各地悠閒旅遊。我到卡波聖盧卡斯市（Cabo）參加朋友的婚禮，然後到內克島參加同儕互相指導聚會，9天待在斐濟的羅賓斯度假區（Tony Robbins's resort），只有6天待在辦公室。這段期間我們卻締造了營收的紀錄。

我將辛苦工作的規則拋到腦後，我的新自我認同為我改變了世界的法則，你也可以做到。本章後半段，我會介紹一種改變自我認同的練習，幫助讀者做到。你可以創造新的自我認同，利用新工具破除任何阻礙你認同新現實的信念。

如果你也相信工作必須辛苦，你只是嚴重受到社會的制約，但這不是事實。

# ● 關於工作的迷思

哈芬登（Arianna Huffington）在《從容的力量》（*Thrive*）一書中提到，她曾經工作過勞到住進醫院。她經營《哈芬登郵報》（*The Huffington Post*）第二年時，一天工作 18 小時。她看起來很成功，事業也確實很成功，但她已精疲力竭，完全被工作耗盡心力。有一天她倒在洛杉磯的辦公室，頭撞到桌子，昏了過去。

她接受哈芬登郵報的網路平台 HuffPost Live 訪問時說：「依照任何標準來看我都很成功，但如果我在自己的辦公室地板癱倒在血泊中，顯然不能叫做成功。」

經過這番健康危機，哈芬頓領悟到她錯失重點了。她是在犧牲自己的健康，因為她相信那句謊言：工作愈認真，前途愈光明。她和我一樣吃了苦才學到教訓，所幸她因此覺醒了。

有太多企業家擁抱辛苦工作的鐵律。但如果你認為辛苦工作是成功的祕訣，那麼在亞洲工廠裡每週工作上百小時的血汗工人都應該很成功。辛苦工作根本與成功與否無關。

而人們卻盲目地奉為準繩，最後導致身心受創，關係被破壞，辦公室文化很糟糕，人們因為壓力太大，工作過勞，無法做出真正優異的成果，也根本無法享受人生。

2019 年我訪問希爾（Regan Hillyer），她是全世界 30 歲以下最頂尖的心態教練之一。我認識許多執行長，他們總是心情愉快，喜歡經營多種事業，**願意的話**一天大約工作 2 小時，

她是其中之一。我很佩服希爾，因為她不到 30 歲就建立多項成功的事業，同時又能經常旅行，享受世界最美好的一切。

她和我分享這段話：

我看到很多企業家不如我成功，但工作更賣力，當我一層層剝開他們心裡的想法，問了一些問題，發現他們真地相信工作就是要很辛苦。

有人來找我，說他一年做 100 萬或 200 萬美元業績，收入無法再提高，不明白為什麼。那是因為他們的成績來自辛苦工作到極致的結果。他們的內在固有的觀念既是如此，便會覺得真地很難做出成績。

但假想我們開始思考：如果經營事業可以很簡單呢？如果賺幾百萬美元可以好玩又輕鬆呢？如果我們相信賺得愈多，愈能自動賺更多錢呢？

她的觀點很簡單，如果你相信工作是辛苦的，你就會認為辛苦工作是向前走的唯一方式。你會覺得被困住，因為一天就那麼多個小時。

比較好的方式是明白有時候反向思考的工作態度才能幫助你前進。有時候當你從加速前進轉換成領航模式（navigation），反而會發生下一次大躍進。

# ◑ 如何改變自我認同

## 加速 vs 領航

我發現，要維持這種和諧的工作狀態，你必須在兩種模式之間保持微妙的平衡——我稱之為**加速**與**領航**。

容我解釋在工作的脈絡下這是什麼意思。

加速模式發生在使命必達的狀態下。這時你會一心一意追求績效，完全專注在眼前的任務上。以我為例，這時候我會致力優化業務，勤與團隊成員開會，開發新的產品和系統。但光是追求加速還不夠。

當設定在只求速度的模式時，你就不可能看到新的機會、追求創新或向其他前輩學習，或甚至檢討錯誤。在這個模式下，員工會忙得像陀螺一樣，忘了傾聽內在的聲音，忘了問自己正在做的事情到底有沒有意義。如果花太多時間在這個模式上，創意、活力、樂趣都會減少，也就會導致生產力和成就感降低。

最優秀的員工會在加速和領航之間來回轉換。此所以我偶爾會消失一下。最近我連續七週四處旅行，這是刻意安排的，因為我正處於領航模式。

領航的重點不是快速移動，而是了解你是否朝正確的方向移動，是否走在對的道路上。重點是為事業擬定新的願景，找尋值得探索的新領域。基本上就是弄清楚你的願景應該指向哪個方向。

但若是花太多時間領航，你會失去動力和執行力。

當我們在這兩種模式之間轉換，最有利於激發洞見和自我進化。當你能夠離開一會兒去學習和重新調整角度，然後帶著新穎的觀念回來，便會有絕佳的整合效果。

2008 年我能產生新的洞見，就是因爲我暫時從工作退卻，深入探索個人成長——等於是進入領航狀態。有時候我也會懷疑，我眞地可以丟下工作去參加四天的座談會嗎？但我做了，結果所產生的深刻洞見改變了我的事業發展方向。

人在領航模式下較容易突然產生新的領悟，這是有科學根據的。你可能也有過類似的經驗：你是否想過，爲什麼總是在洗澡、開車或將要睡著或醒來時想到很棒的點子？

神經科學家稱之爲預設模式網絡（Default Mode Network，DMN）。那是人腦的獨特模式，能促成創意、創新、問題解決能力的突然迸發。當腦部沒有專注在任何事情上，就會進入意識流（streaming thoughts）的預設模式。在這種狀態下，人會做白日夢、想像、夢想未來。這類思想對事先的組織與計畫非常重要，可以幫助你考慮整體情況，決定下一步該怎麼做。

反之，當腦部專注在一件事情上，像是打字、彈奏樂器、閱讀或任何需要專注的事，就會處於任務模式網絡（Task Mode Network，TMN）的狀態。很多長期靜坐的人都有高度發展的任務模式網絡。

賓州大學想像力學院的院長考夫曼（Scott Barry Kaufman）接受入口網站大思想（Big Think）訪問時說：「有

一種獨特的意識經驗是兩種網絡在平衡的蹺蹺板兩端。」

很多藝術家、發明家、商業領導者都提到過一種經驗：突然靈光一閃閃到很聰明的點子，或是某件事突然想通了。有人說那是上帝的工或宇宙的力量透過他們展現。你可能也有過類似的經驗，那是因為你與生俱來就有想像未來的強大力量。

當一個人處於領航模式，就像有一個內在的指南針為你指引方向。加速模式則像火箭推進器提供你動能，讓你可以達成目標，到你必須去的地方。

你必須能退後一步，給自己時間強化覺察力，此所以領航模式非常重要。

你可以透過一種練習快速改變你的自我認同。

# ◑ 改變自我認同的過程

你可以透過一種做法，讓你的自我認同快速變成讓你更有力量的世界觀。如此一來，你的生活就會開始改變，對工作充滿熱忱，感覺人生就像一個遊戲場，讓你完全處於玩樂模式。

這表示你已真正融合佛陀和惡棍的特質。下面就來解說這個方法。

## 第一步：想像你的完美生活

那麼你要如何擺脫忙碌的迷思或辛苦工作的觀念，真正過一種沒有工作的生活？

首先要了解，你並不是你以為的那個人。

**你有兩個版本**（每個人都是如此）。第一個是待人處事的身分，由各種角色組成。例如你是辦公室經理、程式設計師、自由平面設計師、律師或執行長。但這只是你的外殼，是你在這個世界扮演的角色。坦白說，這個角色是你為別人扮演的，你選擇扮演這個角色以便融入廣大的人類社會——那個你所屬的複雜網絡。

但這並不是你，另外還存在第二個版本的你，那是你內心渴望成為的人，是你的核心自我認同。例如有個人在法律事務所擔任律師，每週工作 70 小時，對工作不是很滿意。他的外殼是壓力極大的律師，但他的核心自我認同可能是藝術家，或大眾情人，或搖滾明星，那是他的核心自我認同，是他想要成為的人。

不論一個人對他的生活多麼滿意，總是存在兩個版本。核心自我認同（內在版本）會一直想要讓外界知道他接下來會變成怎樣。

我們最深層的核心慾望從來不是「賺錢」或「人脈」這類東西。如果你以為這是你的核心慾望，那只是表面的感覺，是你的大腦在欺騙你。事實上，做為人的最重要意義就是經驗的創造與延續。徒有目標而沒有附帶任何經驗是沒有意義的目標。如同美國作家麥肯納（Terence McKenna）說的：

以下這些是真的：你，你的朋友，你的同好組織，你最顛峰時的表現，你的高潮，你的希望，你的計畫，你的恐懼。我們卻被告知不是這樣，我們不重要，我們只是次要的。「你要

拿到學位，找份工作，要得到這個得到那個。」然後你成了一個棋子，而你根本不想參與這場棋局。那些操縱文化的人想要將你變成白癡，消費那些用瀕死世界的骸骨製造出來的垃圾，你要從他們的手中拿回思想的主導權。

　　麥肯納說得有理。過時的教育體制要把我們訓練成現代社會大齒輪裡各就各位的小螺絲釘，讓現狀繼續維持，產業繼續運作。於是你每天醒來，穿好衣服去上班，做得像狗一樣，買更多你不需要的垃圾。

　　但如果你細想自己真正想要什麼，可能會發現不是金錢或財富，而是經驗。金錢和財富是手段式目標，為的是真正獲得經驗，不論是旅行的經驗或住在漂亮的房子或和特別的某個人做愛。當你開始把重點放在你的真實目標，你就能毫不費力地讓你的內在蛻變，還能影響你的外在世界。首先你要把重心放在經驗。將人生化約成一個簡單的等式似乎太輕率，但如果你嘗試寫出這個等式，大約會是這樣：

　　經驗＋自我認同＝人生

　　當你找到你的核心自我認同並開始具體落實在生活中，你會吸引那些與這個核心自我認同相符的人。第一個介紹我認識核心自我認同這個概念的人是一位聰明的企業教練柯恩（Frank Kern），下面改編自柯恩 2008 年的原始練習。

　　你真正要追求的是：

- 經驗（因為手段式目標沒有意義）
- 新的自我認同
- 以上兩者加起來就是**人生**。

所以最重要的問題是：**如果可以不受任何限制或承擔任何後果，你心目中典型完美的一天是什麼樣子？**

容我解釋這是什麼意思。

**限制**指的是你不必擔憂金錢、健康、地理或對你設限的人。

**後果**指在實現夢想中完美那一天的過程，你必須安全無虞，不能發生任何事讓你受傷、陷入麻煩或被捕。

**典型**指你可以每天做那件事也不會喪命（舉例來說，這表示完美的那一天不能包含攀登聖母峰）。

接著建構完美的一天，有什麼想法就記下來。然後退後一步思考，完美的一天讓你對自己多了什麼認識？這一天會幫助你了解你自己，找到你的核心自我認同。

你要就這完美的一天問自己幾個問題（請注意，這些問題都是關於你想要的經驗——而不是東西）：

- 你會住在哪裡？
- 你的房子長什麼樣子？
- 你什麼時間起床？
- 你和誰一起醒來？
- 你早上做的第一件事是什麼？

- 你早餐吃什麼？

- 日常事務有哪些（例如帶孩子上學）？

- 上半天你會做哪些事？

- 你中午吃什麼？

- 你會和誰一起吃午餐？

- 你的身體和健康狀況如何？

- 你的朋友是什麼樣子？

- 你會做哪些實現個人夢想的事？

- 你會努力達成什麼目的？

- 你會從事什麼事業？

- 你的客戶是什麼樣子？

- 你的感情生活是什麼樣子？你們喜歡彼此什麼？

- 你的家庭時間如何安排？

- 你晚餐吃什麼？在哪裡吃？

- 吃晚餐時會聊什麼？

- 你晚上做什麼？

- 和誰一起做？

- 你上床時想什麼？


## 第二步：創造新的自我認同

所以現在你已經想像完美的一天，也許你更進一步創造了完美的一個月、一年、一生的願景。那樣更好。接著你要記住關於人類自我認同的一個重要特性。

你真心深信自己是什麼樣的人，這世界便會反射回你的身上。你的自我認同會與宇宙產生共鳴。

　　那麼自我認同是如何形成的？這個問題比較不好回答。過去幾年我對先進的腦部訓練技巧產生很大的興趣。我在實驗室和神經科學家合作，請他們將僧侶和億萬富豪的腦波狀態與我的大腦比對。電影《駭客任務》裡尼歐將他的大腦和電腦相連，我在實驗室感受到與電影裡的觀念最接近的經驗。

　　所以我的發現是什麼？不同的腦波狀態會開啟人的不同面向，人可以有四種狀態：

(1) $\alpha$ **波狀態**：當一個人在這個狀態時，視角更寬廣，思考更連貫，能夠體驗到整體的幸福感，例如更健康更有活力，情緒壓力較少，感覺更幸福。

(2) $\theta$ **波層次**：在 $\theta$ 波的頻率下工作會讓人更能發揮直覺和創意。

(3) $\delta$ **波層次**：這是比較特別的狀態，當一個人處於 $\delta$ 波，會有更多機緣巧合的體驗（所謂共時性：synchronicity），更有能力輕鬆處理大型計畫。

(4) $\gamma$ **波層次**：這是較新的頻率，遲至 1993 年才被發現，似乎與深層的連結與愛相關。

　　值得注意的是，這四種腦波狀態意味著健康的自我認同有四種不同的面向。

- α 波狀態和幸福相關
- θ 波狀態和創意與靈感相關
- δ 波狀態和豐裕與力量相關
- γ 波狀態和愛與連結相關

　　現在你已規劃了完美的一天，下一步要問自己，我要變成**怎樣的人**，才能擁有這完美的一天？（順帶一提，你是否看到這個練習與第四章的三大問有什麼關聯？）

　　當你從幸福、創意與靈感、豐裕與力量、愛與連結的角度探索新的自我認同，請隨時記錄並寫下你的理想生活在這四個方面是什麼樣貌。每個類別你只需花大約 5 分鐘的時間，總共 20 分鐘。

### 狀態一：幸福

　　這個狀態代表你把自己的身心照顧得很好。現在我們知道身與心互相關聯，因此追求幸福絕對不只要兼顧運動、睡眠、營養，還要花時間透過靜坐、正念等修養來照顧好你的心理。

　　隨著幸福感提高，你的工作表現也會改善。睡眠不足和精神不濟都會導致你無法有最好的工作表現。同樣的道理，壓力會讓你難以做出正確的決策，激發好的構想。如果你能紓解壓力，學會放鬆，可以預期決策與思考力都會提高。

　　你要認同自己是一個真正健康的人，一個每天靜坐、飲食健康、照顧身體、固定運動的人。然後你就不會忙到沒時間運動和靜坐，事實上，已有證據證明做這些事會讓你**擁有更多時**

間。

　　請再看看你想像中完美的一天，問自己：「要成爲擁有這樣完美日子的人，我會處於何種幸福層次？」

　　請想想這些元素：

**健康與活力**：請描述你的整體健康狀況和活力。

**能量**：你自覺一整天有多少能量？

**情緒狀態**：你每天處於何種情緒狀態？

## 狀態二：創意與靈感

　　你是否注意到有些人常能突然蹦出很棒的點子？你是否曾工作到忘我，能毫不費力地進入神馳的狀態（flow），無論是寫文件、做案子或簡報都很得心應手？這種靈感與創意勃發的狀態源自獨特的自我認同。

　　如果你的工作領域需要發揮創意，好比平面設計或寫作，你會希望擁抱富創意的自我認同。但如果你從事金融業或好比廣告關鍵字優化，你的目標會是提升專注力——能夠快速處理大量數據，得出聰明的結論。兩種自我認同都會讓你在工作上無往不利，還能減少每天的工作時數。

　　請再看看你想像中完美的一天，問自己：「要成爲擁有這樣完美日子的人，我在創意與靈感方面會處於何種層次？」

　　想想這些元素：

**神馳**：我是否可以輕易進入最佳生產力的神馳狀態？我在

這些狀態時體驗到什麼？

**思緒清晰而專注**：我是否清楚知道我對人生與工作的目標與願景？

**目的與方向**：我是否清楚知道我的人生目的？我每天所做的事是否與我的真正目的相符？

### 狀態三：豐裕與力量

當你擁有豐裕與力量的自我認同，你會覺得人生輕鬆不費力。還記得第五章提到的那位相信賺錢很容易的日本富豪嗎？那就是豐裕的自我認同。

擁有豐裕的自我認同，意味著你在每個地方都看到豐富的資源。你會獲得足夠的金錢可以滿足你的夢想、計畫和冒險。你相信對的人才、機會和條件會在你需要時出現在你面前。同時你覺得你能掌控自己的人生和命運。

請再看看你想像中完美的一天，問自己：「要成為擁有這樣完美日子的人，我在豐裕與力量方面會處於何種層次？」

想想這些元素：

**財富**：你能順利取得金錢、人脈、住家、辦公室、資產。

**做事得心應手**：你能應付複雜的結構，能同時處理多項計畫，做任何事都能化繁為簡。

**天時地利人和**：你的生活很輕鬆，對的答案、人脈、人才總會適時出現。

## 狀態四：愛與連結

當你擁有愛與連結的自我認同，你的人生絕不會感到孤單。你會擁有適合的伴侶，有很好的朋友，朋友會關心你，接納原本的你。

你的事業與人脈，包括你的客戶和廠商，都是雙贏的關係。你希望每一項作為或協議都不是互相競爭或一定要論出輸贏，而是所有相關的人都是贏家。

你非常關心周遭的人，包括家人、朋友、同事，相對的他們也很關心你。你尊重所有和你接觸的人，也非常愛自己。

請再看看你想像中完美的一天，問自己：「要成為擁有這樣完美日子的人，我在愛與連結方面會處於何種層次？」

想想這些元素：

**雙贏關係**：你與團隊成員、同事、客戶、顧客的關係如何？你與人的互動是否總是坦誠相向，努力讓所有的人都是贏家？

**被愛環繞**：你是否覺得被愛環繞？這份愛可能來自你的內心或你周遭的人。

**真誠**：你是否相信自己？是否能無畏地護衛自己的立場，真誠表現自己，活出你的人生，不受別人的期待左右？

做完這個練習，你已準備邁向第三步。

# 第三步：修正你的信念

完成上面兩個步驟後，你已準備好將新的信念融入你的生命。修正你的信念有點像是自我催眠，幫助你將新的自我認同帶入你的生命。

這個修正信念的技巧稱為正向提問法（Lofty Questions），這是 Mindvalley 的一位老師謝爾頓（Christie Marie Sheldon）教我的，她也是教人善用直覺的世界級教練。

要了解正向提問法，首先你要了解自我肯定沒什麼用。早在 1980 年代，心智科學先驅席爾瓦（Jose Silva）便指出，自我肯定通常無法發揮作用。你要做的是欺騙你的潛意識，讓它相信你套在它上面的自我認同。做法不是告訴自己：「我有很棒的身體」，而是提出類似這樣的問題：「我為什麼有很棒的身體？」或「我為什麼對身邊的每個人都這麼親切溫柔？」

自我肯定沒有用是因為你無法重申自己不是真地相信的事情。你可以告訴自己你很棒，很優秀、和善、有天分，但如果潛意識有一絲懷疑，最後只會落得質疑自己說的那些話。

但當你提出正向提問法，你並不是在陳述一件事。你對大腦提出問題，請它提供證據。潛意識是很奇妙的，它會接過問題，想辦法解答。你收集的證據愈多，就愈會開始真正相信。

正向提問法是我碰過最能徹底改造一個人的強大工具，請聽我解釋它的作用方式。假設你要讓你的思緒更清楚，你可以運用正向提問法，下面舉幾個例子：

- 我在工作上怎麼這麼有創意？
- 我今天寫這本書時為什麼會如同行雲流水？
- 我為什麼有這麼強大的專注力？
- 我為什麼有這麼清楚的願景和目標？
- 我做事時為什麼會抱持這麼深刻的目的感？

　　你不必提出上述每一個問題，提出一個就夠了，正向提問法會以驚人的速度改變你的生命。

　　2016 年一月，我開始運用正向提問法：「我為什麼有這麼健康性感的身體？」當時我剛滿 40 歲，身體並不是處於最佳狀態。多年來我逐漸放任自己。但我決心要擁有讓自己感到驕傲、覺得很棒的身體。我每天靜坐時問自己那個問題，只需要 5 秒鐘。一天問一次就好，不要重複。

　　兩週後我去參加美國頂尖商業與個人成長作家的同儕互相指導聚會，名為變革領導力大會（Transformational Leadership Council），遇見艾德米迪斯（Eric Edmeades）。他要去領取社區貢獻獎，因為他成立了一個 90 天的計畫 WildFit，教人改變關於食物的心態。那天艾瑞克宣布那天的與會者若願意參與，他要免費提供 90 天的 WildFit 課。

　　我已經問自己那個問題兩週，對我產生很大的激勵作用，因此我決定參加。當時我的體脂肪 22%，不算太糟，但還無法讓我在海邊可以自在裸身。

　　到 2016 年 5 月（3 個月後），我已減去大約 5 公斤的脂肪，體脂肪降到 15%。我很驚訝短短幾個月我的飲食和健康狀況

就有這麼大的改變。

因此我繼續運用正向提問法，這次我將問題改為：「我為什麼有肌肉這麼發達的身體？」

那時我已養成健康的飲食習慣，但還是討厭上健身房。運用上述正向提問法的效果非常驚人。2016 年 7 月，我碰到一個幫 Mindvalley 團隊鍛鍊的教練，介紹我認識超慢速肌力訓練。在正向提問法的激勵下，我決定貫徹到底。

半年後我練出 3 公斤的純肌肉，胸部擴大到我必須丟掉很多舊襯衫，我擁有自己感到驕傲的身體。

那麼是那個問題激勵了這些改變嗎？提出這些問題真地啟動世界的某種巧合，將適當的人和條件帶到我面前？難道這就是許多靈性哲學家所說的神祕的境隨心轉（mind-bending reality factor）？或者只是我的腦子的網狀活化系統（Reticular activating system，RAS）在作用？當你在思考外在世界的某樣東西或概念時，大腦的這個部位會協助你專注在那上面。

坦白說答案對我不重要，就讓靈性哲學家去爭辯個水落石出吧！我只知道這的確有效。現在我每天第一件做的事就是提出 30 個正向問題。這些問題已牢記在我腦中，推著我在人生路上大步向前，快速創造屬於我的現實。在這個過程中，我在工作與幸福、快樂、喜悅當中取得完美的平衡。

**如何開始運用正向提問法：**

1. 你的新的自我認同也有上述四個層面，請檢視你為每

個層面所寫的筆記，開始依據你想要強化的改變，提出正向的問題。

2. 寫下 5-10 個問題。

3. 牢記腦中，早上靜坐時或晚上上床前問問題。

4. 當你充分吸收那些問題後，可以再增加更多。

5. 隨著生活條件的改變，適度修正或提出新的問題。

   你可以從下面的問題開始，挑出最能讓你產生共鳴的。

**關於幸福的正向提問法**

我為什麼不斷在學習和成長？

我為什麼只吃對我的身體最有益處的食物？

我為什麼有這麼性感、肌肉發達、結實的身體？

我為什麼一年比一年年輕？

我的身體為什麼會處於最佳狀況？

我的身體為什麼會自己療癒，一年比一年狀況更好？

**關於創意與靈感的正向提問法**

我的直覺為什麼這麼敏銳？

我為什麼總是有源源不斷的靈感？

我為什麼這麼清楚知道我的目標和願景？

我為什麼會是這麼棒的作家／製作人／導演？

我每天的工作為什麼帶給我這麼大的鼓舞？

### 關於豐裕與力量的正向提問法

為什麼有這麼豐富的資源落在我頭上，幫助我實現所有的目標、願景和靈感。

我為什麼這麼會管理、儲蓄和累積金錢？

我為什麼會經營上千萬美元的事業？

我的收入為什麼能每年輕鬆增長？

我的工作為什麼能每年觸動上千萬人的生命？

我為什麼會擁有（某個地區）這麼美麗的家？

我的演示功力為什麼這麼厲害？

為什麼整個宇宙都在幫我？

### 關於愛與連結的正向提問法

我為什麼有這麼精彩的戀愛？

我為什麼有這麼精彩的性生活？

別人為什麼覺得我很有吸引力？

為什麼進入我的生命的每個人都會被我激發出愛與快樂？

我為什麼總是被愛環繞？

我和我的孩子（名字）為什麼有這麼好的關係？

我和我的伴侶（名字）為什麼有這麼好的關係？

我為什麼有這麼棒的團隊和我一起努力？

你可以利用上述問題做為開始的架構，也可以自創。先祝賀你展開新生。

# ● 結語

我在本書開頭分享魯米的詩。我說過，你在閱讀本書的過程中，對那首詩會產生不同的解讀。**現在你覺得這首詩是什麼意思？**

當我追逐**我以為我想要的東西**，

日日深陷痛苦與焦慮的火爐；

但如果我耐心守在原地，

我需要的自會源源而來，沒有任何痛苦。

我因此領悟，我想要的也想要我，

也在追尋我和吸引我。

明白這個道理的人自能掌握個中奧妙。

回頭看看你在第一章所寫的對這首詩的解讀，現在是否有任何改變？這些改變反映出你的自我認同和信念的改變。你對生命本身的實質體驗可能也會跟著改變，我祝福你一路順利。

# ● 最後的省思

現在你有了佛陀的平靜幸福和惡棍的力量，你將為這世界帶來了不起的貢獻。我等不及要看你承擔領導者的角色，為你自己、你的家庭、社會和這世界呈現最好的你。我等不及要看看你將發揮怎樣的影響力。

現在先讓我們保持聯繫。我會使用 IG 與所有的讀者交換意見，每週分享新的領悟。歡迎追蹤 @vishen。

我建立了一個很實用的網站，提供更多影音，幫助讀者更了解我在本書分享的觀念。請上網搜尋 www.mindvalley.com/badass。

感謝你和我一起走這一趟旅程。

## ◑ 本章概要

### 現實認知模式

你**可以**創造一個工作感覺不像工作的人生，打破關於成功的大迷思：誤信你一定要比別人更辛苦工作才能成功。不要相信這個謊言，要以新的觀念取代：

靈魂來這世上不是要體驗辛勞，而是要得到自由、自在和擴展。

你必須融合你內在的佛陀和惡棍的特質。

佛陀是典型的精神導師，活在現世，但輕鬆優雅，處事得心應手，總是造福世人。

惡棍，或狠角色則是以行動改變世界的典型，會積極去創造改變、建造東西、設計程式、寫作、發明、領導，推動人類往前走，為現實世界的新結構賦予生命。

記住這個方程式，這是你的人生目標：

經驗＋自我認同＝人生
- 經驗（因為目標沒有意義）
- 新的自我認同
- 兩者加起來就是**人生**。

你有兩個自我認同，一個是待人處世的你，另外一個是你的核心自我認同，亦即你希望成為的那個人。人生是不斷進化成核心自我認同的旅程。你可以透過三個步驟發掘你的核心自我認同：

第一步：想像你的完美生活
第二步：創造你的新自我認同
第三步：修正你的信念

# 生活系統

### 練習一‧加速與領航

最好的員工會在加速與領航之間來回轉換。

加速是使命必達的狀態，這時會處於專注任務、講求績效的模式。

領航的重點不是速度，而是要放慢腳步，退後一步釐清你的方向是否正確。

隨時在兩者之間來回轉換最有效果，記住這是有堅實的科學證據支撐的。當你在加速狀態時，你會啓動腦部的連結模式，稱爲任務模式網絡（TMN），大腦會專注在眼前的任務。當你在領航狀態時則是處於預設模式網絡（DMN），這時大腦的創造力、創新力與解決問題的能力會大爆發。

**第一步**：**檢視你目前每天的工作時數**。你每天是否在加速與領航之間有足夠的轉換，讓你總能維持最好的表現？如果不是，要想想更能維持平衡的新做法，將之制度化，看看你的表現是否提升。

**第二步**：**檢視每個月或每年的行事曆**。維持永續發展的行動與巔峰表現之間是否有足夠的整段休息時間？如果沒有，要想想更能維持平衡的新做法，將之制度化，看看你的表現是否提升了。

### 練習二・建立你的核心自我認同

有三個步驟可以將你的內在世界（核心自我認同）與外在世界融合：

**第一步**：**想像你的完美生活**。讓你的想像力盡情馳騁。依據你的理想生活願景想像完美的一天，想像那一天的具體樣貌，回顧本章前面〈第一步：想像你的完美生活〉那一節列出的問題。

### 第二步：創造新的自我認同

當你明白你想要擁有的體驗，你要問的是：我必須成為怎樣的人？記住貝克維斯的共鳴法則：「這世界不會給你你想要或渴望的東西，而是給你**真正的你**。」

回顧本章前面〈第二步：創造新的自我認同〉那一節，完成所有步驟。

### 第三步：修正你的信念

創造你的自我認同之後，你還要運用正向提問法，訓練自己採取新的信念和行為，讓你能成為那樣的人。做這項練習時可以再看一次前文〈第三步：修正你的信念〉那一節。

# 謝詞

　　首先要感謝 Mindvalley 的所有作者：Jose Silva, Burt Goldman, Christie Marie Sheldon, Jim Kwik, Eric Edmeades, Jon and Missy Butcher, Steven Kotler, Steve Cotter, Jeffrey Allan, Donna Eden and David Feinstein, Marisa Peer, Barbara Marx Hubbard, Ken Wilber, Neale Donald Walsch, Robin Sharma, Marie Diamond, Emily Fletcher, Srikumar Rao, Denis Wait-ley, Lisa Nichols, Ben Green Field, Marisa Peer, Anodea Judith, Shefali Tsabary, Michael Breus, Katherine Woodward Thomas, Michael Beckwith, Christine Bullock, Ken Honda, Paul McKenna, Keith Ferrazzi, Geelong Thubten, Naveen Jain, Alan Watts。

　　感謝 Jeffrey Perlman 和 Kshitij Minglani 做我的最佳盟友，還有 Rajesh Shetty 和 Omesh Sharma 的指導和建議。

　　感謝我在 Mindvalley 的團隊，尤其是 Ezekiel Vicente, TS Lim, Wu Han, Klemen Struc, Miriam Gubovic, Anita Bodnar, Eni Selfo, Alessio Pieroni, Seerat Bath, Marisha Hassaram, Kathy Tan, Wayne Liew, Agata Bas, Laura Viilep, Kadi Oja, Olla Abbas, Natalia Sloma, Alsu Kashapova, Jason Campbell, Nika Karan,

John Wong, Kevin Davis, Riyazi Mohamed, Chee Ling Wong, Shafiu Hussain, and Vykintas Glodenis，以及 Mindvalley 的全體同仁，在我短暫離開去寫這本書時，確保公司營運順暢。感謝你們每天努力工作，心懷願景，致力追求團結、變革、用心愛地球。

感謝幾位事業夥伴和我一起努力幫助人們蛻變成長：Little Humans 的 Rene Airya and Akira Chan、Evercoach 的 Ajit Nawalkha 和 Soulvana 的 Klemen Struc。

這本書是 Kay Walker 和我一起合作完成的，感謝有妳這麼好的文筆和說故事的技巧，還有堅定不移地帶給世人更多蛻變成長的訓練與工具。妳是這本書能夠問世的最強大隊友。

感謝我的編輯 Donna Loffredo 和出版社 Penguin Random House 的團隊相信這本書，從內容、封面設計到行銷策略，每個部分都發揮很大的助益。

感謝我的公關總監 Allison Waksman 主導本書的公關策略，做為我的公關顧問展現很高的專業能力。

感謝我在 Park & Fine Literary and Media 的經紀人 Celeste Fine 和 John Maas，從第一本書起對我的作品一直提供不遺餘力的支持。

有許多創意人才為本書貢獻才華，包括 Mindvalley 的影片製作團隊、設計團隊、學習經驗設計團隊，感謝他們用心設計網路閱讀經驗。感謝 Tanya Tesoro 做出超漂亮的封面設計，Tanya Tesoro 帶領成長探索課程（Quest）的設計，還有整個 Mindvalley 製片團隊與創意設計團隊為出書計畫一起貢獻才

能。

　　對於我在 Mindvalley 的整個團隊、我們的顧客、訂戶、粉絲，我心中滿懷感謝，我們的一切努力都是因為有你們的支持，沒有你們，Mindvalley 和這本書根本不會存在。

　　感謝 Mindvalley 家族和成長探索課程的學員讓我每天熱愛我的工作，感謝你們致力追求人與環境和諧共生，為自己和世界上所有的人創造更有意義的生活。

　　為這本書貢獻智慧的老師：

　　感謝 Drima Starlight 在 Mindvalley 發展初期扮演關鍵角色，你主張的價值觀建立模式對 Mindvalley 的持續發展以及許多人的成功，都發揮了很重要的影響；感謝 Cameron Herold 的「鮮明願景」技巧帶引我的事業攀上高峰；感謝 Srikumar Rao 充滿智慧的建議、指導和支持，協助我走過高峰和低谷；感謝 Lisa Nichols 早期對我的信心，以及在個人成長領域當我的益友與好夥伴；感謝 Reverend Michael Beckwith 的靈性引導、提出人生願景的觀念以及致力推動個人成長；感謝 Naveen Jain 以你的宏大願景觀念讓我茅塞頓開，為我擴展了事業經營的視角；感謝 Richard Branson 建議我寫第一本書，才會促成這本書的誕生，也感謝邀請我參加內克島的同儕互相指導聚會，以你的典範讓我見證如何輕鬆兼顧事業與生活；感謝 Bob Proctor 給我當頭棒喝，讓我思緒更清楚；感謝 Ken Wilber 創造整合理論，深深影響我、我的工作和本書的許多觀念；感謝 Tim Urban 寫出精采絕倫的部落格，以機智有趣的

方式探討世人應該了解的最重要議題；感謝 Tom Chi 捍衛人性價值，爲商業領導者應有的作爲樹立典範；感謝 John Ratcliff 創造夢想管理者計畫，激勵其他領導者用心關懷部屬；感謝 Daniel Pink 致力宣揚富同理心的領導風格與蓬勃發展的團隊文化；感謝 Patty McCord 提醒世人，員工走進公司的門就是在發揮領導力；感謝 Elon Musk 扮演開路人，爲超前十年的思考模式樹立無懈可擊的標準；感謝 Barack Obama 的指導和激勵；感謝 Larry Page 分享 OKR 系統，徹底改變 Mindvalley 的運作方式；感謝 Doug McGuff 的超慢速肌力訓練，幫助我逆轉生物年齡；感謝 Simon Sinek 強調分享動機的重要性；感謝 Jim Collins 鼓勵我吸引對的人登上我的巴士。

感謝已經不在人世，但深深影響我的人生和書中觀念的傑出思想家：

感謝 Buckminster Fuller 教導我如何面對看似不可能解決的問題；感謝 Terrence McKenna 支持人們應該過自我表達的生活，提出以心轉境的智慧，對我的世界觀有很大的影響；感謝 Rumi 的精神引導和詩作，深深烙印在我腦中，影響我的工作態度；感謝 Martin Luther King Jr. 鼓舞我們每個人勇敢面對人生；感謝 Abraham Maslow 提出需求層次論，爲心理學帶來革命性的改變。

BIG 叢書 352

# 佛陀與惡棍

作　　者—維申‧拉克亞尼 Vishen Lakhiani
譯　　者—張美惠
主　　編—李筱婷
封面設計—陳文德

董 事 長—趙政岷
出 版 者—時報文化出版企業股份有限公司
　　　　　108019 台北市和平西路三段 240 號 4 樓
　　　　　發行專線— (02)2306-6842
　　　　　讀者服務專線— 0800-231-705‧(02)2304-7103
　　　　　讀者服務傳真— (02)2304-6858
　　　　　郵撥— 19344724 時報文化出版公司
　　　　　信箱— 10899 臺北華江橋郵局第 99 信箱
時報悅讀網— http://www.readingtimes.com.tw
時報出版愛讀者—http://www.facebook.com/readingtimes.fans
法律顧問—理律法律事務所 陳長文律師、李念祖律師
印　　刷—勁達印刷有限公司
初版一刷—二○二一年一月二十九日
定　　價—新台幣三八○元

（缺頁或破損的書，請寄回更換）

　時報文化出版公司成立於一九七五年，
　　並於一九九九年股票上櫃公開發行，於二○○八年脫離中時集團非屬旺中，
　　以「尊重智慧與創意的文化事業」為信念。

佛陀與惡棍 / 維申 . 拉克亞尼 (Vishen Lakhiani) 著；張美惠譯 . -- 初版 . -- 臺北市：
時報文化出版企業股份有限公司 , 2021.01
　　面；　公分 . -- (Big；352)

譯自：The buddha and the badass : the secret spiritual art of succeeding at work

ISBN 978-957-13-8556-3( 平裝 )

1. 企業管理 2. 自我實現 3. 成功法

177.2　　　　　　　　　　　　　　　　　　　　　　　　　　109022299

ISBN 978-957-13-8556-3

Printed in Taiwan